그들을 끝까지
사랑하셨다

**He Loved Them**
by Jessica Thompson

This book was first published in the United States by Moody Publishers, 820 N. LaSalle Blvd., Chicago, IL 60610, with the title *He Loved Them*, Copyright ⓒ 2023 by Jessica Thompson.
Translated by permission. All rights reserved.

This Korean edition copyright ⓒ 2024 by Word of Life Press, Seoul.
Printed in Korea.

그들을 끝까지 사랑하셨다
ⓒ 생명의말씀사 2024

2024년 9월 27일 1판 1쇄 발행

펴낸이 | 김창영
펴낸곳 | 생명의말씀사

등록 | 1962. 1. 10. No.300-1962-1
주소 | 서울시 종로구 경희궁1길 6 (03176)
전화 | 02)738-6555(본사) · 02)3159-7979(영업)
팩스 | 02)739-3824(본사) · 080-022-8585(영업)

기획편집 | 박경순
디자인 | 최종혜
인쇄 | 영진문원
제본 | 보경문화사

ISBN 978-89-04-16902-3 (03230)

저작권자의 허락 없이 이 책의 일부 또는 전체를
무단 복제, 전재, 발췌하면 저작권법에 의해 처벌을 받습니다.

죄지은 자, 의심하는 자,
낙담한 자… 그리고
우리 같은 자를 위한
예수님의 마음 발견하기

제시카 톰슨 지음
이선숙 옮김

He
Loved
Them

# 그들을
# 끝까지
# 사랑하셨다

생명의말씀사

## 추천의 말

이 책은 예수님의 사랑으로 당신을 압도할 것이다. 매 장이 다 성령의 역사다. 제시카는 독자로 하여금 마음을 사로잡는 새로운 관점으로 그리스도를 바라보게 한다. 이 책을 읽으면서 나 또한 용기와 위로를 얻었고 회복되었다. 내게 꼭 필요한 책이었다.

**피나 오이** Fina Oei
싱어송라이터, 여성제자사역(LADIMI) 공동 창립자

첫 장만 읽어도 예수님이 당신을 얼마나 사랑하시는지 알고 놀라게 될 것이다. 솔직히 말해 이 책은 우리가 사는 가시 덮이고 강퍅한 세상에서 가장 따스하고 가장 환영하는 포옹 같다. 제시카는 우리가 실패할 때마다 예수님이 얼마나 부드럽게 우리를 어루만지시는지 기억하도록 강력하게 돕는다. 책을 읽고 난 후 예수님을 더 사랑하게 되었다!

**제이미 네이토** Jami Nato
작가, 기업가

성경에 묘사된 인물들은 그들에게 어떻게 다가가느냐가 중요하다. 성경 이야기를 읽을 때마다 하나님 형상을 닮은 누군가의 이야기를 듣지만, 지금 여기 현존하는 사람으로는 생각되지 않는다. 그래서 그들이 인간으로서 겪는 진짜 경험, 즉 감정적이고 정신적이고 사회적이고 문화적이고 시스템적인 뉘앙스는 간과한 채 그들의 이야기를 건성으로 읽기 쉽다. 이 책에서 제시카는 복음서 이야기에 등장하는 인물들의 삶, 아주 복잡하고 현실적인 비명이 터져 나오는 그들의 삶에 우리 자신을 대입해 보라고 초청한다. 제시카는 도움이 필요한 사람들을 향한 예수님의 거침없는 사랑의 태도를 확대해 보여 주면서 우리도 그리스도께서 친절과 인내와 관대함을 겸비하고 친히 보여 주신 사랑과 행동을 실천하자고 격려한다. 삶의 시련 속에서 허우적거리고 있거나 자신을 기억하는 사람이 아무도 없다고 생각하는 사람이 있다면 이 책에서 위안을 찾게 될 것이다. 복음서 이야기에서 자신을 발견하고자 애쓰는 사람은 자신의 관점이 더 넓어지는 것을 깨닫게 될 것이다. 제시카는 어려운 이야기를 재치 있게 풀어 나가면서 전문가들의 언급을 적재적소에 배치해, 독자들이 확신과 공감과 위로를 얻게 한다.

**제니퍼 지혜 고** Jennifer Ji-Hye Ko
작가, 장애인 그리스도인의 목소리(Disabled Christian Voices) 창립자

책의 모든 페이지가 예수님의 복음, 즉 그분이 탁월한 구원자 되심을 분명히 한다. 이 책을 읽다 보면 하나님이 당신을 간절히 찾으셨고, 당신을 있는 모습 그대로 보셨고, 당신을 여전히 사랑하심을 느끼게 될 것이다. 예수님이 엉터리 같은 고집불통 죄인들을 부르신다는 사실을 상기시킬 안내자가 필요하다면 이 책이 도움이 될 것이다.

**헤일리 몽고메리** Haley Montgomery
음악가, 아티스트, 작가

He Loved Them

무거운 짐 진 사람, 마음이 상한 사람, 의심이 드는 사람,
절망한 사람, 환멸을 느끼는 사람에게 이 책을 바친다.
이 책에서 예수님을 발견하고
당신은 결코 그분께 잃어버린 자가 아님을 보길 바란다.

## 차례

**들어가는 글**  그들을 끝까지 사랑하셨다  12

01  예수님, 가장 완전한 사람 • 19
02  의심하는 자와 함께하신 예수님 • 31
03  낙담한 자와 함께하신 예수님 • 43
04  부인하는 자와 함께하신 예수님 • 55
05  용기 잃은 자와 함께하신 예수님 • 67
06  실패한 자와 함께하신 예수님 • 81
07  두려워하는 자와 함께하신 예수님 • 103
08  잊힌 자와 함께하신 예수님 • 115
09  위험에 처한 자와 함께하신 예수님 • 127
10  치료가 필요한 자와 함께하신 예수님 • 139

11  도움이 필요한 자와 함께하신 예수님 • 155

12  죽은 자와 함께하신 예수님 • 165

13  버림받은 자와 함께하신 예수님 • 181

14  율법 고수자와 함께하신 예수님 • 197

15  자신을 미워하는 자와 함께하신 예수님 • 209

16  자신을 배반한 자와 함께하신 예수님 • 221

17  당신과 함께하시는 예수님 • 233


**감사의 말** 247
**주** 248

**들어가는 글:** 그들을 끝까지 사랑하셨다

세상에 있는 자기 사람들을 사랑하시되 끝까지 사랑하시니라 _ 요 13:1

이분은 은혜의 복음의 하나님이다. 우리를 사랑해서
자기 독생자를 우리 모습으로 보내신 하나님이다. 그분은 걷는 법을 배웠고,
걸려 넘어졌고, 젖을 달라고 울었고, 한밤에 땀이 피가 되도록 기도했고,
채찍에 맞았고, 침 뱉음을 당했고, 십자가에 못 박혔고,
우리 모두에게 용서를 속삭이며 죽으셨다. _ 브레넌 매닝

예수님은 자기 사람들을 끝까지 사랑하셨다. 그분은 **우리를** 끝까지 사랑하셨다. 그분의 마음은 늘 가족을 향한 사랑의 마음이었고 앞으로도 그럴 것이다. 그분의 마음은 늘 찾고, 모으고, 구원하는 마음이었다. 십자가에서 그리스도께서 마지막으로 한 말은 대적을 향한 그분의 마음을 드러낸다. "아버지 저들을 사하여

주옵소서 자기들이 하는 것을 알지 못함이니이다." 예수님의 마지막 말은 회개하는 강도를 향한 그분의 마음을 드러낸다. "내가 진실로 네게 이르노니 오늘 네가 나와 함께 낙원에 있으리라." 그분의 마지막 말은 공포에 질린 친구들과 가족을 향한 그분의 마음을 드러낸다. "여자여 보소서 아들이니이다." "보라 네 어머니라." 그분의 마지막 말은 그분의 마음과 하나님 아버지의 마음이 연결되어 있음을 드러낸다. "아버지 내 영혼을 아버지 손에 부탁하나이다." 예수님은 정말로 마지막 호흡을 다할 때까지 사람들을 사랑하셨다.

예수님이 어떻게 사람들을 사랑하셨고 누구를 사랑하셨는지를 눈여겨보며 하나님 말씀을 읽는다면 마음이 변화받는 여행이 될 것이다. 예수님이 사랑하셨다는 것은 당신이나 나 이론적으로는 다 알 것이다. 당신이나 나나 예수님이 사랑이 많고 친절하신 분이었다는 것은 알 것이다. 하지만 내가 원하는 것은 그분의 사랑이 어떻게 다르고 구체적으로 어떠했는지, 또 그분이 사랑하신 사람들은 어떤 사람들이었는지를 당신에게 보여 주는 것이다.

우리 모두 아름다운 그분의 사랑에 압도되고, 사람들을 향한 아름다운 그분의 마음에 압도되기를 바란다. 예수님을 연구하기에 주로 복음서(마태, 마가, 누가, 요한)를 다루게 될 것이다. 복음서에 집중하고 여러 번역본을 읽어 보면 그리스도의 삶에 몰입하게 될 것이다. 복음서의 저자들은 각자의 시각으로 그리스도의 삶을 조명하면서 자신들이 가치 있게 여기는 내용과 독자들에게 전달하고 싶은 내용에 강조점을 두었다. 예수님이 다양한 사람들과 관계 맺는 것을 보여 주는 그분 삶의 이야기는 죄인들을 향한 그리스도의 사랑의 깊이와 풍부함을 일깨워 줄 것이다.

우리를 향한 그리스도의 사랑을 생각하는 것은 자연스러운 일이다. 예수님과 우리의 관계는 너무나 중요하기 때문에 우리는 자신을 중심으로 생각하려 한다. "예수님은 **나**를 사랑하신다. 나는 이제 용서받았고 나와 하나님의 관계는 그리스도께서 하신 일로 인해 완전히 회복되었다." 물론 모두 맞는 말이고 우리는 그 진리를 기뻐한다. 하지만 예수님이 "자기 사람"으로 사랑하셨던 사람들은 누구였을까? 그리스도께서 살고 사랑하신 방법을 연구하다 보면 세상과 하나님과 타인과 우리 자신을 향한 생각이 달라지기 시작한다.

먼저 그리스도의 인성에 초점을 맞추고, 그리스도의 삶이 무엇을 의미했는지 폭넓게 살펴보려고 한다. 그런 후에 예수님이 의심하는 자들과 거부하는 자들, 절망과 위험에 처한 자들, 절실히 도움을 필요로 한 자들 등과 개인적으로 교류하신 이야기 속으로 더 깊이 들어가 보려고 한다. 1장을 먼저 읽은 후에는 '당신 자신의 모험'에 해당하는 부분을 골라서 읽어도 좋을 것 같다. 책을 꼭 순서대로 읽을 필요는 없다. 목차를 보고 자신이 해당한다고 생각하는 범주가 있다면 바로 그 장으로 넘어가도 좋다. 관심이 가는 장들을 먼저 읽고 맨 마지막에 마지막 장을 읽으면 된다.

당신이 해당한다고 생각하는 범주의 사람들을 그리스도께서 어떻게 만나셨는지 연구하다 보면 당신을 향한 그분의 사랑과 애정을 더욱 놀랍게 깨닫게 될 것이다. 정말 겪고 싶지 않았던 시기나 사건이 떠오를지 모르지만, 돌아보면 예수님이 항상 거기서 함께하셨다는 것을 알게 될 것이다. 예수님은 당신이 어떤 사람이든, 당신이 어떤 일을 했든, 당신에게 어떤 일이 일어났든 거기 계신다. 예수님은 거기 계시면서 당신을 부르시고, 아버지가 팔을 활짝 벌리고 당신을 향해 오고 계심을 상기시키신다.

책을 읽으면서 "그리스도를 더 닮아야지"라고 결심하거나 "그분처럼 사랑하는 건 불가능해"라고 절망하지 말라. 거리를 두고 "그런 사랑은 정말 훌륭하지"라며 감탄하지도 말라. 다만 예수님이 당신의 '의'(righteousness)라는 점만 기억하라. 그분은 사랑의 본이신데, 그분의 완전한 삶과 완전한 사랑이 하나님 앞에서 당신이 행한 것으로 기록되었다. 그분의 의가 당신의 의다! 당신은 예수님이 당신을 개인적으로 어떻게 사랑해 주셨는지에 자유롭게 집중할 수 있다. 그분의 사랑은 당신이 실패한 모든 사랑에까지 확장되어 그것을 덮고, 그분의 완전한 사랑 안에 당신을 숨겨 준다.

이 책을 다 읽고 나서 그리스도의 사랑으로 충만해지고 마음이 뜨거워지면 좋겠다. 사랑하는 친구여, 행복하게 읽길 바란다.

He Loved Them

# 01

## 예수님, 가장 완전한 사람

> 그가 우리 죄를 없애려고
> 나타나신 것을 너희가 아나니 그에게는
> 죄가 없느니라 _ 요일 3:5

예수님이 세상에 오셨을 때 당시 상황은 매우 절박했다. 하나님은 완벽한 샬롬(*shalom*, 완전함, 일체, 평화)으로 세상을 창조하셨다. 아담과 하와는 하나님과 함께 샬롬을 경험했다. 그들과 하나님의 관계를 방해하는 것은 전혀 없었다. 그들은 그들 자신과도 샬롬을 경험했다. 자기 모습을 있는 그대로 보는 것을 방해하는 에고(ego)가 없었다. 그들은 서로에 대해서도 샬롬을 경험했다. 서로에게 무엇을 숨기거나 상처 주지 않았다. 그들은 오직 사랑과 하나 됨을 누렸다. 아담과 하와는 피조세계와도 샬롬을 경험했다. 그들은 피조세계를 지배하려 들지 않았고 자신들의 유익을 위해 이용하지도 않았다. 그들은 하나님이 자신들에게 명령하신 대로 통치하고 다스렸다. 그러나 당신도 그다음 이야기를 다 알 것이다. 그들은 하나님께 불순종했고, 그 불순종의 행동은 하나님과 자신과 다른 사람과 피조세계와 누리던 샬롬이 다 깨뜨려 버렸다. 예수님이 이야기 속으로 들어오셨을 때, 세상 사람들은 샬롬을 회복하고 그들이 마땅히 살아야 할 방식으로 살아갈 방법을 간절히 찾고 있었다.

이 어둡고 필사적인 세상에 바로 구원 계획이 실행된다. 하나님은 늘 자신이 하던 일을 하신다. 즉, 어둠을 물려 빛이 있으라 말씀하시고, 무에서 유를 만들어 내신다. 예수님이 오시고, 하늘이 땅에 임한다. 그분이 하늘을 땅으로 가져오시면, 그 일은 우리를 위해 모든 것을 바꾼다. 로마서 5장 6절은 이렇게 말한다. "우리가 아직 연약할 때에 기약대로 그리스도께서 경건하지 않은 자를 위하여 죽으셨도다."

영화 "어벤저스: 엔드게임"(*Avengers: Endgame*)의 끝부분에는 볼 때마다 흥분되는 장면이 있다. 아직 그 영화를 안 봤다면 스포일

러를 조심하라! 무슨 장면인지 말해 보겠다. 모든 소망이 사라진 것처럼 보이는 장면이 나온다. 영웅들은 용감하게 싸웠지만 대적 타노스가 그들보다 더 강했다. 토르, 캡틴 아메리카, 아이언맨은 그의 상대가 되지 못한다. 캡틴 아메리카가 자신의 운명을 받아들이는 것처럼 보이는 모습이 무력하게 그려진다. 그는 자신이 이길 수 없다는 것을 알지만 어떻게든 싸우려 한다. 바로 그때 뒤쪽에서 포털이 열리고, 거기서 블랙 펜서와 슈리, 오코예, 그 뒤로 거대한 와칸다 전사 무리가 따라 나온다. 바로 그때, 그 순간, 당신은 대세가 바뀌었다는 것을 알게 된다. 영웅들이 그날 승리하고 타노스와 그의 군대를 무찌를 것을 알게 된다. 지원군이 적시에 나타났다. 개봉 날 극장에서 이 영화를 봤던 기억이 난다. 내 앞에 앉아 있던 십대들은 환호성을 질렀다. 좀 더 내성적인 사람이었던 나도 마음만은 똑같이 행복했다.

하지만 영화가 주는 감동은 그리스도께서 우리를 구하기 위해 이 희망 없는 세상으로 오신 것을 생각할 때 느끼는 엄청난 기쁨과는 비교가 되지 않는다. 그러니 "기약대로 그리스도께서 경건하지 않은 자를 위하여 죽으셨도다"는 말을 들을 때, 구원이 타락을 돌파하면서 포털이 열리는 것 같은 모습을 볼 수 있다. 모든 것이 무력하고 소망이 없어 보일 때, 우리의 구원자가 등장하고 우리는 누가 이길지 알게 된다.

### 예수님이 하나님과의 평화를 회복하신다

예수님은 하나님과 완전한 평화 속에서 사셨다. 로마서 5장 1절은 예수님이 우리와 하나님 사이에 평화를 가져오시는 분이라고 강조한다. "그러므로 우리가 믿음으로 의롭다 하심을 받았으니 우리 주 예수 그리스도로 말미암아 하나님과 화평을 누리자."

에덴동산이 원래 어떤 상태였는지 돌아보면, 아담과 하와가 하나님과 완전한 평화를 누리고 있었음을 보게 된다. 그들은 그곳에서 하나님과 함께 걷고 대화했다. 그들을 벌거벗었지만 부끄러워하지 않았다. 얼마나 아름다운 장면인가! 하나님과 그들 사이에 어떤 분투나 두려움이나 숨기는 것이 없었다. 예수님과 하나님 아버지의 관계도 이와 같았다.

당신의 마음은 신뢰와 쉼의 관계를 갈구하지 않는가? 하나님과 평화롭게 사는 삶에 끌린다면, 그것은 당신이 그렇게 살도록 만들어졌기 때문이다! 당신의 마음은 그분 안에서 만족을 발견하도록 만들어졌다. 예수님은 이것을 아셨고 하나님과 평화를 누리는 삶의 최고의 본을 보여 주셨다.

예수님은 자신이 항상 아버지 하나님을 기쁘게 하는 일을 하려고 살아왔다고 말씀하셨는데, 그렇게 해서 무언가를 획득하기 위해서가 아니라 그렇게 하는 것이 가장 기쁜 일이기에 그렇게 하셨다(요 8:29). 예수님은 언제나 유혹을 거부하셨다. 아담과 하와가 실패한 곳에서 예수님은 성공하셨다. 그분은 하나님과 평화롭게 사셨다. 예수님은 샬롬을 살아 내셨다. 그리스도께서 하나님과 완벽하게 평화를 누리며 사신 것이 타락의 결과들을 무효화하는 열쇠였다. 예수님이 하나님과 완전한 샬롬을 누리며 사신 것은 예수님 자신에게만 영향을 미치지 않았다. 예수님이 사신 방식은 영원한 과거부터 영원한 미래까지 모든 피조물에게 영향을 미쳤다.

예수님이 사신 방식 덕분에, 그분이 완전한 인간이 살아야 할 삶을 사신 덕분에 우리는 지금 의롭게 되었다. 하나님을 사랑하고 경외하기로 선택하고, 완전하기로 선택하신 그분의 삶이 이제 우리 것이 되었고 우리에게 은혜의 선물로 주어졌다. 하나님은 우리를 완전하다고 보신다. 우리는 그리스도 안에서 숨겨졌다. 우리의 모든 죄를 속하기 위한 그분의 죽음은 우리를 완벽하게 용서받게 하셨다. 예수님의 부활은 우리를 위한 그리스도의 일을 하나님이 받으셨다는 징표다. 우리는 이제 하나님과 평화를 누린다. 부활절은 무언가의 시작, 새로운 세계의 출발이다. 하나님은 예수님을 위해 하셨던 일, 즉 소생시키시고 변화시키시고 새롭게 하신 일을 모든 피조세계를 위해서도 하실 것이다. 구원은 우리 모두를 위한 것이고 우리는 거기에 참여할 수 있다. 예수님이 하나님과 경험한 이 평화는 세상을 위한 평화였다. 평화의 왕이신 예수님은 그저 물러앉아 쉬지 않으셨다. 그분은 사람들을 회복하고 평화롭게 하기 위해 적극적으로 일하셨다. 그분의 삶은 이 땅에 평화의 약속을 가져오고 모든 이에게 선한 뜻을 가져온다.

### 예수님은 자기와의 평화를 회복하신다

예수님은 자신이 누구인지 아셨고 사랑받는 자라는 정체성을 온전히 삶으로 살아 내셨다. 예수님은 본래 자신의 모습이 아닌 다른 모습이 되기 위해 애쓰지 않으셨다. 예수님은 자신이 누구인지, 무엇을 하려는지 의심한 적이 없으셨다. 예수님이 어린 시절 성전에 계실 때 이 점을 보게 된다. "내가 내 아버지 집에 있어야 될 줄을 알지 못하셨나이까"(눅 2:49). 또 예수님이 세례 받으실 때도 분명히 선포되었다. "이는 내 사랑하는 아들이요"(마 3:17). 예수님은 자기와 평화하는 삶의 완벽한 본을 보여 주셨다.

자기와 평화하는 것은 하나님이 태초부터 계획하신 것이었다. 우리는 그렇게 창조되었다. 지속적인 의구심이나 근본적으로 부적절하다는 느낌이나 자격 없는 사기꾼이라는 느낌 없이 우리 자신이 누구인지를 알도록 창조되었다.

예수님이 이렇게 자기와 평화를 누리셨다는 것은 예수님이 어떤 어려움도 없으셨거나 구원을 성취할 다른 방법을 하나님께 구하지 않으셨다는 의미가 아니라, 궁극적으로 하나님 뜻에 순종하셨다는 의미다. 겟세마네 동산에서 기도하실 때 예수님은 자신의 감정을 포장하려 하지 않고 공개적으로 자신의 취약한 생각을 그대로 드러내어 기도하시면서 구원 계획을 성취할 다른 방법을 간구하셨다. 예수님은 자기 아버지께 호소하셨다. 예수님은 늘 아버지와 완벽하고 방해받지 않는 평화를 누리셨지만 우리 때문에 분리를, 관계가 깨어지는 경험을 하고 계셨다. 그런 생각 때문에 예수님은 땀이 피가 되도록 기도하셨다(눅 22:44). 에덴동산에서 아담과 하와는 실패했지만, 예수님은 아버지의 뜻이 이루어지기를 겟세마네 동산에서 기도하셨다. 예수님은 성공하셨고 우리에게 새로운 정체성을 주셨다. 그분은 우리를 구속하셔서 우리가 받아들여지고 사랑받게 하셨다.

### 예수님은 다른 사람들과 평화를 회복하신다

예수님은 다른 사람들과 평화롭게 사셨다. 마태복음 9장 36절은 말한다. "무리를 보시고 불쌍히 여기시니 이는 그들이 목자 없는 양과 같이 고생하며 기진함이라." 『메시지』(The Message) 성경은 이렇게 옮긴다. "그 후에 예수께서 모든 성읍과 마을을 두루 다니셨다. 그분은 회당 곳곳에서 가르치시고, 천국 소식을 알리시고, 병든 사람과 상한 심령들을 고쳐 주셨다. 목자 없는 양처럼 정처 없이 헤매고 있는 무리를 바라보시는 그분의 마음이 무너져 내렸다."

예수님은 하나님과 동등됨을 취할 것으로 여기지 않으시고 오히려 자기를 비워 종의 형체를 가지셨다(빌 2:6-7). 그분은 다른 사람들을 사랑하고 돌보고 치유하고 회복하셨다. 그분은 소외된 사람들을 찾아 그들을 받아들이셨다. 그분의 모든 삶은 섬김으로 가득했다. 그분은 다른 사람들에게 공감하셨고 동정심을 느끼셨고 그들과 함께 아파하셨다. 그분은 사람들이 온전해지기를 원하셨다. 이것이 그분의 사명이었다. 예수님은 그저 사람들을 육체적으로 온전하게 하신 것이 아니라 그들이 감정적으로, 영적으로 온전해지도록 일하셨다. 그분은 사람들이 새로운 생명을 얻길 원하셨다.

### 예수님은 피조세계와 평화를 회복하신다

예수님은 새로운 삶의 방식을 소개하신다. 소비하는 삶이 아닌 베푸는 삶이다. 골로새서 1장 19-20절은 이렇게 말한다. "아버지께서는 모든 충만으로 예수 안에 거하게 하시고 그의 십자가의 피로 화평을 이루사 만물 곧 땅에 있는 것들이나 하늘에 있는 것들이 그로 말미암아 자기와 화목하게 되기를 기뻐하심이라."

성경은 예수님이 피조세계를 어떻게 대하셨는지에 대해 무엇이라 말하는가? 이런 질문을 자주 해 보지는 않았을 것이다. 하지만 예수님이 누구신지 그리고 예수님이 어떻게 온전한 샬롬을 경험하셨는지 알려면 꼭 필요한 질문이다. 예수님은 피조세계를 자신과 화해시키신다. 그분은 들의 꽃을 보신다. 그분이 허락하지 않으시면 공중의 새 한 마리도 떨어지지 않는다. 예수님은 물 위를 걸으셨다. 그분은 바다에서 폭풍을 두려워하지 않으셨다. 사실 그분은 폭풍이 몰아칠 때 배 안에서 주무셨다. 리사 샤론 하퍼는 그녀의 책 『정말 좋은 복음』(The Very Good Gospel)에서 이렇게 쓰고 있다.

예수님은 사람들을 섬기기 위해 피조세계에 주권을 행사하셨다. 그분은 수천 명을 먹이기 위해 빵과 물고기를 늘리셨고 눈먼 자의 눈에 진흙을 발라 시력을 회복하셨다(요 9:1-12 참조). 나중에 예수님은 나무 위에 못 박히셨다. 나무를 창조하신 하나님이 나무에 못 박히셨다. 인간의 원죄는 나무, 선악을 알게 하는 나무와 관련해서 저질러졌다. 이제 인간의 구원과 타락의 역전은 나무와 관련해서 일어난다. 그때 예수님은 죽음을 정복하시고 자신의 무덤을 여셨다. 마지막에는 오직 하나의 나무, 생명나무가 있다. 그 나무의 이파리들은 만국을 치유할 것이다(계 22:1-2 참조).[1]

예수님은 모든 피조세계를 구원하고 회복하는 방식으로 사셨다. 그분이 하신 일 덕분에 이제 우리는 우리가 하는 일과 우리의 소명을 통해 구원에 참여할 수 있다. 이제 우리는 거룩한 신비, 즉 하나님이 타락으로 인해 깨어진 자신의 피조물을 통해 자신의 구원을 이루시는 신비 안에서 산다. 예수님이 사신 방식 덕분에 우리는 지금 회복된 샬롬을 부분적으로나마 경험한다.

그리스도의 완전한 삶이 어떻게 이 땅에 하늘이 임하게 하고 타락의 결과를 역전시키는지 이해하는 것이 중요하다. 예수님의 어깨너머로, 그분이 사랑하신 방식에 집중하면서 어떻게 그분이 평화를 살아 내셨는지 함께 알아보자.

성령의 능력으로 우리는 더욱 그분을 닮아 가길 구할 것이다.

다른 사람들에게 평화를 가져오고 우리 자신과 평화를 누리는 것이 무엇인지 알게 될 것이다.

# 02

## 의심하는 자와 함께하신 예수님

> 기독교 신앙의 세계는 동화나 허구의 세계, 질문이나 문제가 없는 세계가 아니라
> 의심이 믿음의 어깨에서 결코 멀어지지 않는 세계다 _ 오스 기니스
>
> 도마에게 이르시되 네 손가락을 이리 내밀어 내 손을 보고 네 손을 내밀어
> 내 옆구리에 넣어 보라 그리하여 믿음 없는 자가 되지 말고 믿는 자가 되라
> 도마가 대답하여 이르되 나의 주님이시요 나의 하나님이시니이다
> _ 요 20:27-28

예수님은 제자들, 매일 자기 옆에서 사역을 돕고 지원하면서 함께 지낼 사람들을 모으실 때, 여러분이 상상할 수 있는 가장 평범하고 평균적인 남성과 여성 그룹을 모으셨다. 예수님은 믿음이 약한 자, 의심하는 자도 포함하셨다. 내가 만일 지원팀을 꾸린다면 좀 괜찮아 보이는 사람들로 꾸릴 것 같다. 주변을 살펴서 나보다 나를 더 믿어 주는 친구들로 꾸리고 싶을 것 같다.

예수님은 그런 사람들을 필요로 하지 않으셨다. 예수님이 유일하게 필요로 하신 것은 아버지의 사랑이었다. 예수님의 충만성(sufficiency)은 아버지와 아들과 성령이 공유한 완전한 사랑에서 나왔다. 삼위일체 하나님 안에 있는 그 사랑이 예수님의 운영 체계였다. 그 사랑 때문에 예수님은 자신을 의심하는 자들도 온유하게 대하실 수 있었다.

예수님이 의심하는 자들을 만나신 세 가지 이야기를 살펴보면, 그분이 믿음이 약한 자들을 어떻게 사랑하셨는지 잘 드러난다. 그들도 믿는 자였다. 그들은 예수님께 나아왔다. 그들은 예수님께 가까이 가고 싶어 했다. 하지만 그들에게는 의심하는 마음도 있었다. 그들은 마음이 혼란스러웠다.

### 의심하는 자들

예수님이 만난 의심하는 자들 중에는 예수님의 가족도 있었다. 마태복음 12장 46-50절이 그 이야기를 들려준다.

> 예수께서 무리에게 말씀하실 때에 그의 어머니와 동생들이 예수께 말하려고 밖에 섰더니 한 사람이 예수께 여짜오되 보소서 당

신의 어머니와 동생들이 당신께 말하려고 밖에 서 있나이다 하니 말하던 사람에게 대답하여 이르시되 누가 내 어머니이며 내 동생들이냐 하시고 손을 내밀어 제자들을 가리켜 이르시되 나의 어머니와 나의 동생들을 보라 누구든지 하늘에 계신 내 아버지의 뜻대로 하는 자가 내 형제요 자매요 어머니이니라 하시더라

이 이야기는 종교 지도자들이 예수님께 마귀의 힘으로 귀신을 쫓아낸다는 혐의를 씌운 대목(마 22:22-37) 다음에 이어진다. 예수님의 어머니와 형제들은 분명 그 사건에 대해 들었을 것이다. 그들은 예수에 대한 온갖 소문을 다 들어 알고 있었다. 그들도 종교 지도자들이 예수에 대해 이야기하는 방식에 익숙했고, 그래서 걱정되었다. 뭔가 조치가 필요했다. 그들은 어떤 식으로든 예수의 일에 개입하려 했다. 예수가 한 일과 말에 대해 소문이 무성했다. 이상한 무리가 그를 따르며 가르침에 귀를 기울였다. 하지만 가족들에게 예수는 그저 매일 함께 지내며 같이 밥을 먹던 아들이고 형제일 뿐이었다. 불과 일 년 전만 해도 목수 일을 하던 예수였다. 그런데 지금 그를 보라! 과거의 예수를 누가 생각이나 하겠는가? 그래서 예수님의 가족들은 그분에게 갔다. 그분에게 출신을 상기시키고 그분을 집으로 데리고 가려 했다.

어떤 사람들보다도 예수님을 잘 알았던 마리아도, 하나님이 보낸 천사의 방문을 받고, 사람의 도움 없이 아기를 잉태하고, 목자들이 와서 아기를 경배하는 모습을 보고, 동방 박사들로부터 선물을 받고, 안나 선지자와 엘리사벳이 자신의 아들에 대해 한 예언을 들었던 그녀도 의심하고 있었다. 그녀는 예수님을 집으로 데려오려고 했다. 예수님을 강제로 끌고 오려고 했다. "예수의 친족들이 듣고 그를 붙들러 나오니 이는 그가 미쳤다 함일러라"(막 3:21).

가족들이 예수님께 말을 전했다. "당신의 가족이 왔습니다. 그들은 당신과 대화하고 싶어 합니다." 예수님은 이 요구에 어떻게 응하셨는가? 그분은 가족의 개념을 다시 정의하셨다. 예수님은 모든 사람을 초대하신다. 어머니와 형제들의 의심이 그분의 사명에 의심을 갖게 만들지 못한다. 예수님은 그들과 우리에게 가족의 일원이 되는 것은 진짜 아버지가 누구인지 기억하고 그 관계 안에서 사는 것이라고 일깨워 주신다.

예수님은 가족의 의심을 사용하여 더 많은 사람을 자신에게로 부르신다. 예수님은 자기 가족을 배제하지 않으시고 오히려 자신이 누구인지에 대한 진리를 그들에게 계속해서 보여 주신다. 그들의 의심은 더 많은 사람이 하나님의 가족으로 들어오는 촉매제가 되고 더 많은 사람이 진짜 집으로 돌아오는 촉매제가 된다. 한 주석가는 이렇게 쓴다.

> 예수님은 전통적인 가족 제도보다는 하나님의 나라가 임하는 것에 더 관심을 두셨다. … 또한 이 나라가 임하기를 기대하려면 얼마나 새로운 형태의 가족이 필요한지를 알고 계셨다. 혈연과 언어는 하나님과 예수님의 사역을 가능하게 하는 새로운 가족을 위한 결정적인 기준이 더 이상 되지 못한다.[1]

### 나를 아직 알지 못하느냐?

예수님의 가장 친한 친구들 중 일부는 그분이 누구인지 완전히 파악하는 데 어려움을 겪었다. 요한복음 14장 8-11절에서 이를 엿볼 수 있다. 예수님이 빌립의 질문에 대답하신다.

> 빌립이 이르되 주여 아버지를 우리에게 보여 주옵소서 그리하면 족하겠나이다 예수께서 이르시되 빌립아 내가 이렇게 오래 너희와 함께 있으되 네가 나를 알지 못하느냐 나를 본 자는 아버지를 보았거늘 어찌하여 아버지를 보이라 하느냐 내가 아버지 안에 거

> 하고 아버지는 내 안에 계신 것을 네가 믿지 아니하느냐 내가 너
> 희에게 이르는 말은 스스로 하는 것이 아니라 아버지께서 내 안
> 에 계셔서 그의 일을 하시는 것이라 내가 아버지 안에 거하고 아
> 버지께서 내 안에 계심을 믿으라 그렇지 못하겠거든 행하는 그
> 일로 말미암아 나를 믿으라

이 대화는 그리스도의 사역이 끝나갈 무렵 있었다. 예수님은 제자들과 함께 앉아 앞으로 일어날 일에 대해 제자들의 마음을 준비시키고 미리 안심시키고자 하신다. 예수님은 모여 앉은 제자들에게 말씀하신다. "내가 곧 길이요 진리요 생명이니 나로 말미암지 않고는 아버지께로 올 자가 없느니라 너희가 나를 알았더라면 내 아버지도 알았으리로다 이제부터는 너희가 그를 알았고 또 보았느니라"(요 14:6-7).

예수님이 자신을 하나님께로 가는 길이라고 말씀하신 직후에 빌립은 하나님을 직접 볼 수 있느냐고 질문한다. 예수님과 하나님은 사실 하나라는 설명을 빌립은 이해하지 못했던 것이다. 그것은 빌립의 이해력이 떨어져서라기보다는 그가 마음 안에서 스멀거리며 올라오는 생각과 싸우고 있었기 때문이다. **어떻게 예수님과 하나님이 한 분일 수 있지? 예수님이 정말로 하나님 아버지**

라고 주장하시는 건가? 이게 어떻게 가능하지?

주석가 프레더릭 브루너는 빌립과 예수님의 이 대화에서 무슨 일이 일어났는지 설명한다. "인간은 하나님을 알고 싶어 한다. 예수님은 사실 '집에 온 걸 환영한다'고 말씀하시는 것이다."[2]

예수님은 빌립의 의심을 받아 주시며 한 번 더(수없이 많이) 말씀하신다. "네가 찾고 있는 그가 나다." 그런 다음 예수님은 빌립과 분명 빌립과 같은 질문을 품고 의심하고 있었을 다른 제자들에게 자신은 아버지 없이는 아무것도 행하지 않는다고 말씀하신다. 자신은 아버지가 하시는 말씀만 말하고 아버지가 원하시는 일만 한다고 설명하신다. 예수님은 빌립의 질문에 화내지 않으신다. 예수님은 눈을 부라리고 씩씩거리며 나가 버리지 않으신다. 왜냐하면 제자들은 몇 달이 지나고 또 지나도 여전히 깨닫지 못하기 때문이다. 예수님은 그저 다시 한번 말씀하신다. "그가 나다."

예수님은 빌립을 위해 한껏 양보하시며 핵심적으로 이렇게 말씀하신다. "나와 아버지가 하나인 것을 믿지 못하겠으면 네가 목격했던 내가 하는 일을 보고 스스로 물어보거라. '하나님 말고 누가 이런 일을 할 수 있단 말인가?'" 예수님은 기본적으로 이렇게 말씀하신 것이다. "네 귀를 믿지 못하겠거든, 네 마음에 믿어지지 않거든, 그저 가서 본 것을 믿어라. 너는 증거를 이미 보았다. 네가 본 것을 믿어라." 예수님은 초자연적인 것을 증명하기 위해 자연적인 것에 호소하신다. 그분은 빌립에게 초연하게 그냥 믿으라고 요구하지 않으신다. 오히려 빌립이 이미 경험한 것들을 떠올리게 하시고, 보고 기억하고 믿으라고 하신다. 예수님은 "나는 너에게 나 자신을 증명할 필요가 없다. 너는 그냥 나를 믿으면 된다"라고 말씀하지 않으신다. 예수님은 빌립의 믿음을 세워 주신다. 예수님은 빌립의 의심을 부끄러워하지 않으신다.

### 나의 주님, 나의 하나님이십니다!

도마는 아마 성경에서 가장 잘 알려진 의심하는 자일 것이다. 그리고 대부분의 사람이 요한복음 20장 24-29절에 나오는 그의 이야기를 잘 알고 있다.

> 열두 제자 중의 하나로서 디두모라 불리는 도마는 예수께서 오셨을 때에 함께 있지 아니한지라 다른 제자들이 그에게 이르되 우리가 주를 보았노라 하니 도마가 이르되 내가 그의 손의 못 자국을 보며 내 손가락을 그 못 자국에 넣으며 내 손을 그 옆구리에 넣어 보지 않고는 믿지 아니하겠노라 하니라 여드레를 지나서 제

자들이 다시 집 안에 있을 때에 도마도 함께 있고 문들이 닫혔는데 예수께서 오사 가운데 서서 이르시되 너희에게 평강이 있을지어다 하시고 도마에게 이르시되 네 손가락을 이리 내밀어 내 손을 보고 네 손을 내밀어 내 옆구리에 넣어 보라 그리하여 믿음 없는 자가 되지 말고 믿는 자가 되라 도마가 대답하여 이르되 나의 주님이시요 나의 하나님이시니이다 예수께서 이르시되 너는 나를 본 고로 믿느냐 보지 못하고 믿는 자들은 복되도다 하시니라

도마와 예수님 사이의 이 대화는 예수님의 죽음과 부활 이후에 일어난다. 예수님이 무덤가에서 마리아에게 나타나셨고 그다음 대부분의 제자들에게 모습을 드러내셨다. 열 명의 제자가 도마에게 예수님이 살아 계시다고 말하지만 도마는 "봐야 믿겠다"고 의심쩍어한다. 그로부터 8일이 지나고 예수님이 그에게 오셨다. 그 8일 동안 도마가 어떤 느낌이었을지 생각해 보라. 아마 도마는 의심과 회의 속에서 편안하지 않았을 것이다. 아마도 그는 불가능한 요구를 하고 궁극적인 도전을 하는 것이 정당하다고 느꼈을 것이다.

그때 예수님이 오신다. 나는 이 구절들이 보여 주는 장면이 참 좋다. 제자들은 실내에 있다. 문은 잠겨 있다. 제자들은 예수님

께 일어난 일로 인해 아마 여전히 두려워하고 있었을 것이다. 또한 자신들이 그리스도를 따르는 자들로 발각될까 봐 두려웠을 것이다. 그들은 자신들의 미래와 심지어 자신들의 신앙에 대해서도 불확실했다. 그때 예수님이 나타나신다! 예수님이 제자들에게 "너희에게 평강이 있을지어다"라고 인사하신다. 그런 다음 도마에게 관심을 돌려 그를 지목하신다. 예수님은 우리처럼 도마가 가졌던 의심으로 그를 규정하지 않으신다. 그분은 도마를 향한 자신의 큰 사랑으로 그를 규정하신다. 예수님은 여기서 자신이 선한 목자임을 증명하신다. 방황하는 양과 같은 도마를 찾아 나서신다. 그에게 시선을 집중하신다. 도마의 마음에 어떤 생각들이 오갔을지 상상이 가는가? 내 말은, 도마는 잘못했다. 정말로 잘못했다. 내가 누군가에게 혹은 어떤 일을 잘못했을 때는 그 일로 호되게 비난받을 준비를 하게 된다. 은혜나 친절은 기대하기 힘들다. 처벌받을 각오를 한다. 하지만 그것은 우리 구세주의 방법이 아니다. 예수님은 말씀하신다. "봐라. 만져라. 알아. 믿음 없는 자가 되지 말고 믿는 자가 되어라." 그러자 도마는 이렇게 반응한다. "나의 주님, 나의 하나님이십니다!" 나의 주님, 나의 하나님이시다. 예수님은 도마를 자신의 것이라 주장하시고, 이에 도마도 예수님이 자신의 것이라는 주장으로 반응한다.

예수님이 "나의 하나님, 나의 하나님 어찌하여 나를 버리셨나이까"라고 울부짖으셨기에 도마가 "나의 주님이시요 나의 하나님이시니이다"라고 외치고 완전히 받아들여질 수 있었다. 『아프리카 성경주석』(*Africa Bible Commentary*)은 예수님이 우리 의심에 반응하시는 방식을 이렇게 설명한다.

> 그런 경우에 예수님은 우리를 보호하기 위해 우리 옆에 엄마처럼 서 계신다. 부활하신 주님은 우리 두려움과 혼란, 걱정, 죄악 속에서 자신의 자녀들과 함께, 자신의 자녀들 가운데 서 계신다. 예수님은 엄마처럼 우리를 안아 보호하신다. 예수님이 우리와 함께 하실 때 우리는 그분이 함께하시는 평화를 덧입었음을 안다. 오늘 우리가 사는 세상은 잔인하고 종종 무섭다. 우리는 두려워서 닫힌 문 뒤에 머물기를 더 좋아한다. 그런 순간마다 예수 그리스도는 초대받지 않아도 우리에게 오신다. 그리고 중심에 자리하셔서 폭풍을 잠잠하게 하시고 "너희에게 평강이 있을지어다"라고 선포하신다.[3]

의심이 들 때 우리는 하나님께 전적으로 솔직할 수 있다. 사랑하는 이여, 예수님은 그분의 가족도, 빌립도, 도마도 그들의 의심으로 규정하지 않으셨다. 예수님은 당신도 당신의 의심으로 규정하지 않으신다. 그분은 당신을 자신이 지극히 사랑하는 자녀로 규정하신다. 예수님은 길이 참아 주신다. 예수님은 친절하시다. 예수님이 우리가 있는 바로 그 자리로 오시기에 우리는 그분의 사랑에 놀라 "나의 주님, 나의 하나님이십니다!"라고 말할 수 있다. 당신이 오늘 의심한다면 그분은 당신의 의심을 인내하신다. 이 이야기를 기억하라. 예수님의 친절과 사랑을 기억하라. "나의 주님, 나의 하나님이십니다!"라고 외칠 수 있는 믿음을 위해 기도하라. 예수님은 당신에게도 이렇게 말씀하실 것이다. "보지 못하고 믿는 자들은 복되도다."

의심하는 이여, 당신에게 복이 있다. 진실로 복이 있다. 예수님은 보지 않고 믿는 것이 얼마나 어려운 일인지 아신다. 그러기에 그분은 당신이 믿는다면, 특히 당신의 믿음이 약하다면, 그런 당신이 복이 있다고 선포하신다.

# 03

## 낙담한 자와 함께하신 예수님

복음은 우리가 예수님을 볼 때 하나님이 우리를
사랑하심을 보게 된다고 말한다. _ 폴 밀러

무리를 보시고 불쌍히 여기시니 이는 그들이
목자 없는 양과 같이 고생하며 기진함이라 _ 마 9:36

우리에게는 항상 예기치 못한 장소에 나타나시는 하나님이 계시다. 독특한 방식으로 자녀를 놀라게 하고 자녀를 돌보는 그분의 기쁨은 정말 경이롭다.

역사를 거슬러 올라가 예루살렘에서 엠마오로 가는 흙먼지 이는 길을 들여다보자. 이 길은 절망에서 새로운 소망으로, 혼란에서 계시로 이어진다. 하지만 소망과 계시로 나아가기 전에 잠시 절망과 혼란을 살펴보자.

> 그 날에 그들 중 둘이 예루살렘에서 이십오 리 되는 엠마오라 하는 마을로 가면서 이 모든 된 일을 서로 이야기하더라 그들이 서로 이야기하며 문의할 때에 예수께서 가까이 이르러 그들과 동행하시나 그들의 눈이 가리어져서 그인 줄 알아보지 못하거늘 예수께서 이르시되 너희가 길 가면서 서로 주고받고 하는 이야기가 무엇이냐 하시니 두 사람이 슬픈 빛을 띠고 머물러 서더라(눅 24:13-17, 강조 첨가됨)

이 이야기는 그리스도의 죽음 그리고 이 제자들은 몰랐던 그리스도의 부활 후에 일어난 일이다. 두 사람은 생각할 수도 없던 일이 그들 눈앞에서 일어났던 예루살렘을 떠나고 있다. 그들은 그리스도의 제자였고, 그분이 잔인하게 죽임당하는 것을 지켜보았으며, 그분의 육체적인 죽음과 함께 그들의 소망도 죽었다.

우리는 이 이야기에 너무 익숙한 나머지 때로 이 이야기를 삶으로 살았던 사람들의 인간적인 면을 잊어버리곤 한다. 잠시 시간을 내어 이 두 사람의 마음이 어땠을지 생각해 보자. 예수님이 돌아가셨다. 로마 제국(그들을 육체적으로 억압하던 자들)과 바리새인들

(그들을 영적으로 억압하던 자들)이 다시 한번 힘을 한껏 휘둘렀다. 뒤에 남겨진 이 두 제자는 수많은 의문 속에서 혼란스러워했다. **예수님이 일주일 전에 예루살렘에 들어오셨을 때만 해도 사람들에게 환영받고 칭송받지 않았던가? 그분은 늘 사랑하고 섬기고 도와주시던 분이 아닌가? 예수님은 말씀이 살아 움직이듯 강력한 방식으로 성경을 풀어 주시지 않았던가? 왜 그분이 죽으셨지? 그분은 좋은 분이었는데!**

엠마오로 가는 길에 예수님이 그들에게 오셔서 한 가지 질문을 하신다. 예수님은 가까이 다가와 그들이 하는 말을 들으신다. "너희가 길 가면서 서로 주고받는 이야기가 무엇이냐?" 그분이 물으신다. 그들이 "슬픈 빛을 띠고" 멈추어 선다. '슬픈 빛을 띠다'에 해당되는 헬라어 단어의 문자적 의미는 "우울하고 슬프고 음침하고 어두운 표정을 띠다"[1]다. 이 그리스도의 제자들은 정말 슬퍼 보였다. 너무나 낙담하고 혼란스러워서 예수님 그분이 길에서 그들과 함께 걷고 있는 것도 알아채지 못했다.

이 제자들은 낙담해 있었다. 예수님은 그들이 무슨 말을 하는지 듣고 싶어서 그들에게 다가가신다. 가까이 가서 그들 마음의 상처를 들으려고 하신다. 그들의 고통과 슬픔이 예수님을 밀어내지 못한다.

여행자들은 새로 합류한 사람의 질문에 충격을 받는다. 이 뒤죽박죽한 세상에서, 예수님의 십자가 처형은 그들의 개인적인 인생을 뒤흔드는 충격적인 사건이자 예루살렘에서 가장 놀라운 소식이었다. 1963년 11월 22일 저녁, "다들 왜 그러세요?"라고 묻는 것과 같았다. 온 방송 매체에서 존 F. 케네디 대통령이 암살당한 충격과 공포가 흘러나와 모든 미국인의 하루를 압도하고 있을 때 말이다. 글로바와 그의 동료에게 이 질문은 그들의 슬픔을 강화했다. 그 질문으로 인해 그들이 품었던 질문과 의심, 그리고 깨어진 꿈들에 대해 말해야 했기 때문이다. "우리는 이 사람이 이스라엘을 속량할 자라고 바랐노라"(눅 24:21)고 그들은 털어놓는다. 바로 그것이었다. 그것이 바로 그들 좌절의 원천이었다. 잠언은 이렇게 말한다. "소망이 더디 이루어지면 그것이 마음을 상하게 하거니와"(잠 13:12). 그들의 마음은 상해 있었다.

마음이 상해 본 적이 있는가? 마음이 상한 적이 **없었던** 때가 기억나지 않을지도 모르겠다. 나는 최근 오랜 고통의 기간을 견디고 있다. 절대 일어나지 않을 거라고 생각했던 일들이 다 일어났고, 나 자신에 대해 말하게 될 거라고 한 번도 생각해 본 적 없던 말들을 하고 있다. 나는 이혼했다. 계속 기도하면서 다른 결과를 소망했지만 결국 뜻대로 되지 않고 종국을 맞이했다. 내 마음은 아프다. 제자들처럼, 한 번도 생각해 보지 못한 죽음을 맛보며 슬퍼하고 있다.

예수님은 가장 예상 밖인 때에 나타나는 습관이 있으시다. 여행자들이 자신의 비탄을 말하자, 예수님은 그들에게 강하게 말씀하신다. "미련하고 선지자들이 말한 모든 것을 마음에 더디 믿는 자들이여 그리스도가 이런 고난을 받고 자기의 영광에 들어가야 할 것이 아니냐"(눅 24:25-26). 직설적인 도전으로 그들을 놀라게 하신 예수님은 그들에게 하나님의 말씀을 들려주신다. "이에 모세와 모든 선지자의 글로 시작하여 모든 성경에 쓴 바 자기에 관한 것을 자세히 설명하시니라"(눅 24:27). 예수님은 그들의 슬픔을 직접 대면하시고 그들의 믿음 없음을 지적하신다. 예수님은 성경 말씀을 직접 인용하시며 지금 일어난 일은 일어나기로 되어 있던 바로 그 일임을 분명히 하신다!

그분은 시간을 내어 자신이 지난 수년간 해 오셨던 일을 하신다. 그들을 가르치신다. 예수님은 그들이 슬프게 여기는 그 죽음이, 자신이 바로 그들이 바라는 존재, 즉 이스라엘을 구원할 자가 되기 위해 정확히 일어나야 했던 일이었음을 보여 주신다. 예수님은 시간을 내어 그들의 희망이 전혀 틀리지 않았음을 보여 주신다.

두 제자가 최종 목적지에 도착한다. 그들은 문자적으로 그리고 비유적으로 그들이 가려던 곳에 도착했다. 이곳은 예수님이 그들이 도달하길 원하셨던 곳이었다. 예수님은 그들이 "소망이 더디 이루어지면 그것이 마음을 상하게 하거니와 소원이 이루어지는 것은 곧 생명 나무니라"(잠 13:12)는 진리를 알기를 원하셨다. 여행자들은 이 놀라운 새 친구가 계속 이동해 떠나려는 것처럼 보이자 같이 앉아서 먹자고 강권한다. 그들은 예수님께 머물러 달라고 요청한다. 예수님은 승낙하시고는 그들의 눈을 열어 예루살렘에서 일어났던 일의 실재뿐 아니라 자신이 누구신지에 대해서도 보게 하신다.

> 그들과 함께 음식 잡수실 때에 떡을 가지사 축사하시고 떼어 그들에게 주시니 그들의 눈이 밝아져 그인 줄 알아 보더니 예수는 그들에게 보이지 아니하시는지라 그들이 서로 말하되 길에서 우리에게 말씀하시고 우리에게 성경을 풀어 주실 때에 우리 속에서 마음이 뜨겁지 아니하더냐 하고(눅 24:30-32)

이 사람들은 아마도 구세주와 종종 식사를 같이하면서 그분이 축복하시고 떡을 떼어 주시는 것을 보았을 것이다. 식탁에 앉아 밥을 같이 먹는 등 매일의 소일거리 속에서 예수님은 자신이 실의에 빠진 사람들과 얼마나 가까이 계신지 보여 주신다. 예수님은 글로바와 동료의 고통을 무시하지 않으셨다. 그분은 그들의 고통에 직접 반응하셨다. 그들의 마음을 격려하셨다. 그들에게 자신을 보여 주셨다.

또한 예수님은 우리에게 가까이 오신다. 그분은 우리가 전심으로 그분의 선하심을 믿기를 원하신다. 말씀하신 대로 행하시는 분이고, 겉과 속이 같은 분임을 우리가 믿기를 원하신다. 그리스도는 우리 구원이시다. 우리 죄에서 우리를 구원하신 분이다. 우리 소망은 잘못되지 않았다. 한 성경 주석가는 이렇게 설명한다. "십자가가 예수님이 가져온 소망이 끝났음을 의미한다고 느낀 두 제자가 여기 있다. 오직 예수님만이, 부활의 모습으로 나타난 그 자신만이 그들의 마음을 바꾸실 수 있다. 모든 의미에서 예수님은 부활 신앙의 저자이시다."[21]

믿음의 불꽃이 꺼졌다고 느낄 때 예수님이 당신의 영혼에 다시 생명을 불러일으키기 위해 오신다. 예수님의 두 제자는 자신들의 소망이 끝났다고 생각했지만 사실 그들이 바라던 것보다 훨씬 큰 일이 시작되고 있었다.

### 고생하며 기진함이라

복음서가 예수님이 사람들에게 어떻게 공감하시는지 보여 주는 방식이 참 마음에 든다. 마태복음 9장 36절은 이렇게 말한다. "무리를 보시고 불쌍히 여기시니 이는 그들이 목자 없는 양과 같이 고생하며 기진함이라."

치료가 필요한 자들을 고치고 구원이 필요한 자들을 구원하면서 많은 시간을 보내신 후 예수님의 마음은 동정심으로 불타올랐다. 그분은 자기 백성이 아파하는 것을 보셨다. "'불쌍히 여기다'(문자적으로 '본능적 반응'을 가리킨다)라는 동사는 신약성경에서 늘 예수님께 사용되던 단어였다"고 R. T. 프랑스는 말한다.[3] **본능적 반응**이란 예수님도 어쩔 수 없는 감정이라는 의미다. 그분은 사랑이시기에 고통을 볼 때 불쌍히 여기실 수밖에 없다.

내게도 몇 가지 자동적인 반응이 있다. 내가 응원하는 샌디에이고 파드리스(메이저리그 야구팀인데 오랜 기간 부진을 면치 못하다가 최근 좋은 성적을 거둔 팀이다. 아니 적어도 그런 평가를 받았으면 하는 그런 팀이다!) 선수가 홈런을 치면 내 반응은 나도 모르게 나온다. 자동으로 일어나서 공중에 주먹을 날리며 응원을 하기 시작한다. 솔직히 내가 지금 어디 있는지, 지금이 응원하기에 적절한지도 고려**해야 하지만** 나도 나 자신을 어쩔 수 없다. 본능적으로 행동이 나간다.

당신에게도 자동으로 반응이 나오는 어떤 일이 있는가? 어떤 일에(강아지나 아기처럼 사랑스런 존재를 볼 때든지, 죽음이나 질병 같은 끔찍한 일을 볼 때든지, 파드리스 팀이 홈런을 치는 장면 같은 흥분되는 일을 볼 때든지 등등) 본능적으로 행동하고 있다고 느끼면 꼭 이 구절을 떠올려 보라. 예수님은 고생하고 기진한 자기 백성을 볼 때 본능적으로 동정심을 느끼셨다.

예수님은 자기 백성에 대해 감정을 느끼신다. 그저 추상적이거나 금방 잊어버리는 방식으로 그러시는 것이 아니다. 그분은 그들의 감정을 그대로 느끼신다. 그분의 백성이 좌절감을 느끼면 그 감정을 아시고 그 감정에 영향을 받으신다. "우리에게 있는 대제사장은 우리의 연약함을 동정하지 못하실 이가 아니요 모든 일에 우리와 똑같이 시험을 받으신 이로되 죄는 없으시니라"(히 4:15). 우리가 풀 죽어 있을 때 그분은 우리에게 공감하신다. 그분의 존재의 핵심에서 그것을 느끼신다.

역사의 그 시점에 살았던 이스라엘 백성이 얼마나 절박했을지 우리는 잘 모를 수 있다. 성경 학자 토쿤보 아데예모는 그들의 상황을 실감나게 보도록 도와준다. "정치적으로 그들은 무거운 세금과 노역을 부담하고 인권을 유린당하고 있었다. 종교 지도자들은 가르침이나 목회적 돌봄을 제공하지 않았고 물질적 필요도 돕지 않았다. 그들은 한센병, 열병, 만성질병, 귀신 들림, 시각장애, 중풍 이외에도 많은 질병을 안고 살아갔다."[4] 우리의 선한 목자는 자기 양들을 보시고 그들을 불쌍히 여기신다. 그들의 고통을 덜어 주길 열망하신다. 그들의 육체적인 고통만 아니라 영적 고통까지 덜어 주길 원하신다. 그분은 그들이 흠 없는 상태, **샬롬**을 경험하길 원하신다.

예수님의 인성은 주변의 필요를 보며 제자들에게 긴급하게 말씀하시는 것 속에서 드러난다. "일꾼을 더 보내 달라고 기도하라! 이 사람들에게 필요한 것을 우리가 주어야 한다!" 예수님은 몇 명의 제자들로는 세상의 필요를 다 채울 수 없음을 아셨다. 그래서 더 많은 제자와 더 많은 일꾼을 위해 기도해 "목자 없는 양"이 진짜 선한 목자를 찾도록 도와주어야 한다고 강조하신다.

예수님의 동정심은 항상 행동으로 이어진다. 예수님은 무리를 바라보시며 '아, 저들이 슬퍼하다니 참 안타깝구나. 저들의 형편이 나아졌으면 좋겠다'고 그저 생각만 하시는 분이 아니다. 예수님은 제자들 주변에 있는 사람들을 보시고 제자들에게 가라고 명령하셨다. "기도하라! 가라!" 지금까지 예수님의 사역은 연민 어린 행위들로 가득 차 있었다. 그분은 이미 눈먼 자에게 시력을 회복시켜 주셨다. 그분은 이미 아픈 자들을 고쳐 주셨다. 그분은 이미 주변 사람들에게 소망과 생명을 주셨다. 그분의 동정심은 좌절한 자들에게 더 많은 것을 주고 그들이 느끼는 고통을 덜어 주도록 그분을 이끌었다.

절망한 이여, 예수님이 당신을 보고 계신다. 그분은 당신에게 공감하신다. 그분은 당신을 도와주실 수밖에 없다. 그분은 자신이 누구인지 더 많이 보여 주실 수밖에 없다. 그분은 당신의 마음과 믿음이 강해지는 데 필요한 일을 하실 것이고 이런 방식으로 당신을 사랑하는 일에 싫증 내지 않으신다. 그분은 당신에게 반복해서 친절을 베푸는 일에 싫증 내지 않으신다.

나는 이 친절을 경험했고 지난 2년 동안 특히 동정심을 경험했다. 하나님은 자신의 일꾼들(목회자, 친구, 가족, 상담사)을 사용하셔서 나를 위해 일하셨다. 상황이 달랐더라면 어땠을까 생각한다고 해서 부끄러워할 필요는 없다. 예수님은 엠마오로 가는 제자들이 자신들의 무너진 소망을 토로하게 함으로써 그들을 격려하셨다. 그분은 당신에게도 똑같이 해 보라고 격려하신다. 그런 다음 예수님이 당신에게 그분 자신을 드러내시도록 하라. 예수님이 당신의 눈을 열어 그 길에서 줄곧 당신과 함께 계셨음을 보이시도록 하라.

당신의 절망을 바라보는 그분의 본능적인 반응은 분노나 실망이 아니다. 당신의 절망을 바라보는 그분의 본능적인 반응은 긍휼이다. 그분은 당신을 자신에게로 불러 돌보기를 원하신다. 그분은 우리의 위대한 목자이시다.

## 04

# 부인하는 자와 함께하신 예수님

**예수님을 모른다고 부인했던 그날 밤, 베드로는 자신의 영혼을 드러냈다.
아니 내가 더 선호하는 표현대로 말하면,
마침내 그가 진실을 말했던 밤이었다. _ 채드 버드**

이 여자여 내가 그를 알지 못하노라 _ 눅 22:57

그리스도를 부인한 베드로 이야기를 아마 잘 알 것이다. 하지만 상기가 필요한 분들도 있을 것이기에 대략적으로 설명해 보겠다. 베드로는 수년간 그리스도의 제자로 따르고 있었다. 그는 예수님이 처음 제자로 부른 사람들 중 한 명이었다. "갈릴리 해변에 다니시다가 두 형제 곧 베드로라 하는 시몬과 그의 형제 안드레가 바다에 그물 던지는 것을 보시니 그들은 어부라 말씀하시되 나를 따라오라 내가 너희를 사람을 낚는 어부가 되게 하리라 하시니 그들이 곧 그물을 버려 두고 예수를 따르니라"(마 4:18–20). 그리스도께서 베드로를 처음 부른 그 해변가에서부터 이제 우리가 볼 그 순간까지 그는 예수님을 신실하게 따랐다. 베드로는 예수님을 사랑했다. 그는 자신이 그리스도께 헌신했다는 사실을 매우 자랑스러워했다. 그렇다면 뭐가 잘못된 것일까? 어떻게 베드로가 자신이 사랑하는 스승을 모른다고 부인하는 지경에까지 이른 것일까? 일이 어떻게 된 것인지 한번 살펴보자.

### 마지막 만찬

예수님은 제자들에게 만찬을 베푸셨다. 그분은 제자들에게 자신의 몸이 찢기고 피를 흘리게 될 거라고 경고하셨다. 그분은 겸손의 본을 보여 제자들의 마음을 준비시키려고 그들의 발을 씻어 주셨다. 예수님은 제자들에게 실제로 무엇이 사람을 높이는지를, 그분의 길을 택한 사람들에게 예비된 섬김과 사랑과 베풂과 희생을 말씀하셨다. 예수님은 제자들에게 세상이 강하다고 여기는 것과 그리스도의 제자인 그들에게 요구되는 것이 얼마나 다른지 말씀하셨다.

누가복음은 예수님이 사랑의 마음으로 베드로를 준비시키시는 모습을 보여 준다. 베드로가 부인하는 행동을 저지르기 전에, 예수님은 앞으로 다가올 일을 그에게 이해시키려고 애쓰시면서 자신의 사랑을 보여 주신다. "시몬아, 시몬아, 보라 사탄이 너희를 밀 까부르듯 하려고 요구하였으나 그러나 내가 너를 위하여 네 믿음이 떨어지지 않기를 기도하였노니 너는 돌이킨 후에 네 형제를 굳게 하라"(눅 22:31-32). 얼마나 놀라운가! 예수님은 베드로가 배신하리라 말씀하시기에 앞서 그를 위해 기도한다고 말씀하신다. 예수님은 베드로가 죄를 짓고 그분을 부인한 후에도 믿음을 잃지 않도록 기도하신다. 베드로가 자신을 부인하시 않도록 기도하겠다고 하신 것이 아니다. 예수님은 베드로의 연약함을 아신다. 예수님은 앞으로 벌어질 일을 아신다. 다만 예수님은 베드로에게 사탄과 심판이 마지막 말이 아님을 알게 하신다. 은혜가 마지막 말이 될 것이다.

예수님은 베드로의 부인만 미리 아신 것이 아니라 베드로의 회복도 미리 아셨다. 그래서 "너는 돌이킨 후에"라고 말씀하신다. 베드로는 자신이 후회할 어떤 일을 하게 되리라거나 어떤 이유에서든 자신의 믿음이 실패하리라고는 상상도 할 수 없었기에 허세를 부리며 이렇게 선포한다. "주여 내가 주와 함께 옥에도, 죽는

데에도 가기를 각오하였나이다"(눅 22:33). 예수님은 베드로의 실패를 예언하시지만, 베드로는 흔들림 없는 헌신을 약속하며 예수님의 예언에 맞선다. 예수님은 이렇게 응답하신다. "베드로야 내가 네게 말하노니 오늘 닭 울기 전에 네가 세 번 나를 모른다고 부인하리라"(눅 22:34). 예수님의 진술은 너무나 지독할 정도로 사실적이다. "아니다, 베드로야. 너는 죽기까지 싸우지 않을 것이다. 너는 몸을 사릴 것이다. 너는 부인할 것이다. 그리고 그저 한 동물의 소리에 정신이 들어 무릎을 꿇게 될 것이다."

### 불

예견되었던 부인이, 확실히 이루어진다.

> 베드로가 멀찍이 따라가니라 사람들이 뜰 가운데 불을 피우고 함께 앉았는지라 베드로도 그 가운데 앉았더니 한 여종이 베드로의 불빛을 향하여 앉은 것을 보고 주목하여 이르되 이 사람도 그와 함께 있었느니라 하니 베드로가 부인하여 이르되 이 여자여 내가 그를 알지 못하노라 하더라 조금 후에 다른 사람이 보고 이르되 너도 그 도당이라 하거늘 베드로가 이르되 이 사람아 나는 아니

로라 하더라 한 시간쯤 있다가 또 한 사람이 장담하여 이르되 이는 갈릴리 사람이니 참으로 그와 함께 있었느니라 베드로가 이르되 이 사람아 나는 네가 하는 말을 알지 못하노라고 아직 말하고 있을 때에 닭이 곧 울더라 주께서 돌이켜 베드로를 보시니 베드로가 주의 말씀 곧 오늘 닭 울기 전에 네가 세 번 나를 부인하리라 하심이 생각나서 밖에 나가서 심히 통곡하니라(눅 22:54-62)

우리는 베드로가 잠시 마음이 약해졌고, 순간 자신을 잊었고, 두려웠고, 똑바로 생각할 수 없었던 것이라고 생각하고 싶을지 모르겠다. 그러나 사실 베드로는 그가 깊이 두려워했던 것 혹은 줄곧 느끼고 있었던 감정을 마침내 드러낸 것이었는지 모른다. 어쩌면 그는 마침내 자신과 주변 사람들에게 솔직해졌을 수 있다. "그를 알지 못한다"는 베드로의 고백은 사실**이었다**. 베드로는 실제로 예수님을 알지 못했다. 그는 실제로 용서를 알지 못했다. 그는 실제로 은혜를 알지 못했다. 베드로는 성취에 집착하고 있었다. 그는 예수님 옆에 서고 싶었다. 그는 예수님께 헌신하고 있음을 은연중에 내세우고 있었다. 그는 자신이 그리스도께 헌신하고 있다고 확신했다. 그리스도께서 베드로에게 하신 헌신이 궁극적으로 가장 중요하다는 것을 그는 정말로 알지 못했다. 베드로가 예수님께 가까이 올 수 있었던 것은 그의 의지가 아니라 베드로를 향한 하나님의 언약 때문이었다. 베드로는 정말로 예수님을 알지 못했지만, 곧 그분이 어떤 분인지 알게 될 것이다. 베드로는 수치심으로 얼굴이 벌겋게 되어 불 옆에 서서 자신의 말을 듣는 모든 사람이 그가 그리스도를 따르던 사람이 **아니라는** 말을 들을 수 있도록 저주를 쏟아냈다.

그때 닭이 그가 정신이 번쩍 나게 했다.

베드로는 밖으로 나가 심히 통곡했다.

베드로는 자신의 끝을 보았다. 그는 자신에 대해 내린 낙관의 끝을 보았다. 그는 성취의 끝에 다다랐다. 이후 베드로는 살면서 반복해서 자아가 죽는 이 경험으로 돌아가야 했겠지만, 이 처음의 경험은 정말로 고통스러웠다. 당신도 자신에게 실망하는 쓰라림을 경험해 보았을 것이다. 나도 그렇다. **왜 그랬을까? 왜 그렇게 말했을까? 왜 그렇게 반응했을까?**는 우리 모두에게 친숙한 오래된 노랫말이다. **나는 적어도 그보다는 나은 사람이라고 생각했다.** 베드로는 자신이 그래도 괜찮은 사람이라고 생각했고 우리도 그렇게 생각한다. 하지만 진실은 우리는 신실한 구세주가 필요한, 부인하는 죄인들이라는 것이다. 놀랍도록 아름다운 사실은 우리에게 이미 그러한 신실하신 구세주가 있다는 것이다. 우리가 그분께 받아들여진 것은 우리의 신실함에 근거하지 않는다. 그분의 신실하심에 근거한다.

### 보시다

베드로의 인생에서 가장 최악의 순간에 예수님이 거기 계셨다. "아직 말하고 있을 때에 닭이 곧 울더라 주께서 돌이켜 베드로를 보시니"(눅 22:60-61).

결정적인 한 방이다! 베드로가 부인하고 있는데 예수님이 돌이켜 베드로를 바라보신다. 한 성경 주석은 이렇게 설명한다.

예수님이 예견하신 대로 세 번째 부인을 하자 닭이 운다. 드라마의 추가적인 효과로 주님이 베드로를 바라보신다. 베드로가 무슨 일을 했는지 아신다는 것이 함축된 행동이다. 예수님이 다른 장소로 옮기시는 도중이었는지, 창을 통해 보셨는지, 아니면 잠시 밖으로 나오신 상황이었는지는 분명하지 않다. 주님의 시선 때문에 베드로는 자신이 세 번 부인할 거라는 예수님의 예언이 생각났다. 엄청난 충격이다. 그는 크게 통곡하며 무너져 내린다. 그의 마음은 자신이 무슨 일을 저질렀는지를 안다. 그가 행동으로 보여 주는 고통은 그가 예수님을 얼마나 진실되게 따랐는지를, 말로는 다 할 수 없지만 예수님과 얼마나 연결되어 있었는지를 보여 준다. 그는 엄청난 신경쇠약을 겪었다. 늘 그렇듯, 주님의 말씀은 실현되었다. 그분은 베드로 자신보다 베드로를 더 잘 알고 계셨다.[1]

예수님은 베드로의 모든 잘못을 아심에도 불구하고, 그저 그를 바라보기로 선택하신다. 예수님은 그를 무시하거나 그 관계를 깨뜨리는 것을 선택하지 않으신다. 그분은 베드로에게 자신이 보고 있다는 것을 상기시키는데, 이 바라봄이 사랑의 시선 이외에 다른 것이라고는 상상할 수 없다. 예수님은 베드로의 부인 혹은 죄로 인해 놀라지 않으신다. 예수님은 이 일이 일어날 것을 아셨고 이미 베드로에게 그를 위해 기도하신다고 말씀해 주셨다. 그리스도의 사랑의 시선이 베드로의 관심을 끈다. 갈릴리 바다와 어부 생활에서 베드로를 이끌어 낸 그 동일한 사랑이 다시 한번 그를 끌어당긴다. 하지만 이번에 베드로는 자신이 실패했고 "옥에도, 죽는 데에도" 예수님을 따라가지 못할 것을 안다. 베드로는 달린다. 슬피 운다. 그는 무너졌다.

하지만 이것이 이야기의 끝이 아니다.

### 회복

예수님이 베드로에게 "너는 돌이킨 후에"라고 말씀하셨던 것을 떠올려 보라. 예수님은 스스로에게 철저히 실망한 베드로를 혼자 두지 않으셨다.

그 후에 예수께서 … 자기를 나타내셨으니 … 나타내신 일은 이러하니라 날이 새어갈 때에 예수께서 바닷가에 서셨으나 제자들이 예수이신 줄 알지 못하는지라 예수께서 이르시되 얘들아 너희에게 고기가 있느냐 대답하되 없나이다 이르시되 그물을 배 오른편에 던지라 그리하면 잡으리라 하시니 이에 던졌더니 물고기가 많아 그물을 들 수 없더라 예수께서 사랑하시는 그 제자가 베드로에게 이르되 주님이시라 하니 시몬 베드로가 벗고 있다가 주님이라 하는 말을 듣고 겉옷을 두른 후에 바다로 뛰어 내리더라 다른 제자들은 육지에서 거리가 불과 한 오십 칸쯤 되므로 작은 배를 타고 물고기 든 그물을 끌고 와서 예수께서 이르시되 와서 조반을 먹으라 하시니 제자들이 주님이신 줄 아는 고로 당신이 누구냐 감히 묻는 자가 없더라 그들이 조반 먹은 후에 예수께서 시몬 베드로에게 이르시되 요한의 아들 시몬아 네가 이 사람들보다 나를 더 사랑하느냐 하시니 이르되 주님 그러하나이다 내가 주님을 사랑하는 줄 주님께서 아시나이다 이르시되 내 어린 양을 먹이라 하시고 또 두 번째 이르시되 요한의 아들 시몬아 네가 나를 사랑하느냐 하시니 이르되 주님 그러하나이다 내가 주님을 사랑하는 줄 주님께서 아시나이다 이르시되 내 양을 치라 하시고 세 번째 이르시되 요한의 아들 시몬아 네가 나를 사랑하느냐 하시니 주께서 세 번째 네가 나를 사랑하느냐 하시므로 베드로가 근심하여 이르되 주님 모든 것을 아시오매 내가 주님을 사랑하는 줄을 주님께서 아시나이다 예수께서 이르시되 내 양을 먹이라(요 21:1, 4-8, 12, 15-17)

예수님이 왜 베드로에게 자신을 사랑하느냐고 세 번이나 물으셨는지 추측이 많고, 이 주고받는 대화에서 사용된 헬라어 단어들에 대한 주석도 많다. 주님은 베드로의 신앙 여정을 너무나 분명하게 지휘해 오셨다! 복음서는 베드로와 예수님의 관계에서 많은 흥미로운 패턴을 보여 준다. 예수님은 고기잡이를 마친 베드로를 바다에서 처음 부르셨는데, 지금 다시 고기잡이를 마친 베드로를 바다에서 부르신다. 숯불이 언급된 곳은 단 두 곳인데, 한 번은 베드로가 예수님을 부인한 때이고 또 한 번은 지금 예수님이 아침상을 차리고 베드로를 회복시키신 때다. 베드로는 예수님을 세 번 부인하고, 또 세 번 그리스도를 사랑한다고 말한다.

그러나 이 모든 이전의 상호작용은 예수님이 세 번째로 베드로에게 물으신 이 중요한 순간을 위한 것으로 보인다. "네가 나를 사랑하느냐?" 베드로는 슬퍼하며 이렇게 말한다. "주님 모든 것을 아시오매 내가 주님을 사랑하는 줄을 주님께서 아시나이다." 그리고 그것이 바로 베드로의 고백이다. 사실상 베드로는 이렇게 말하고 있다. "주님 다 아시지요! 제가 얼마나 연약한지 아시지요. 제가 당신을 부인했다는 것도 아시지요. '비록 모든 사람이 주님을 버릴지라도 저는 주님을 버리지 않겠습니다. 주님과 함께 감옥에도, 죽는 데에도 가기를 각오했습니다'라며 세가 하지 않겠다고 맹세한 그 일을 제가 해 버렸다는 것을 주님은 아십니다. 하지만 주님, 당신은 또한 제가 당신을 사랑하는 것도 아십니다. 제 사랑이 미약하지만 그래도 사랑한다는 것을 아십니다." 이것이 바로 여러분 모두의 고백일 것이다. 예수님은 **정말로** 아신다. 그분은 우리 마음의 변덕스러움을 아신다. 그분은 우리가 하루는 그분께 온전히 헌신하지만 다음 날에는 그분이 신경이나 쓰실지 의심한다는 것을 아신다. 아니 매순간 이런 변덕이 일어나는지도 모르겠다.

하지만 예수님이 어떻게 베드로에게 대답하셨는지 보라! 예수님은 베드로에게 이렇게 말하지 않으신다. "잘 들어라, 베드로야. 너는 큰 실수를 저질렀다. 내가 너를 다시 쓰려면 네가 내게 얼마나 헌신하는지 봐야겠다." 아니, 예수님은 오히려 베드로에게 그의 이웃을 사랑하고 주변 사람들을 돌보는 일을 바로 시작하라고 말씀하신다. "베드로가 주님을 완전히 부인했음에도 예수님께 온전히 용서받았고 사도에 걸맞은 새로운 의무를 부여받았다는 사실은 오늘날 스스로 예수님을 부인했고 용서받을 수 없다고 느끼는 그리스도인들에게 진정한 소망을 줄 수 있다. 그분이 요구하시는 것은 우리의 회개와 사랑뿐이다."[2]

사랑하는 이여, 당신이 얼마나 헌신하느냐에 따라 하나님이 당신을 사랑하시거나 당신을 계속해서 사랑하시는 것이 아니다. 그분은 지금도 앞으로도 언제나 자기 사람에게 신실하실 것이다. 우리가 먼저 그리스도를 사랑한 것이 아니라 그분이 먼저 우리를 사랑하시기 때문이다. 그분의 사랑이 우리도 사랑하게 한다.

부인하는 이여, 그분은 당신을 아끼고 사랑하시고, 당신이 다른 사람을 사랑하도록 사용하실 것이다.

## 05

# 용기 잃은 자와 함께하신 예수님

오직 루시에게만 들리는 소리가 있었다. 그 소리는 돛대를 휘돌며
루시에게 속삭였다. "용기를 가져라, 사랑스런 아이야."
루시는 그 목소리가 아슬란의 목소리라고 확신했고
그 목소리와 함께 달콤한 숨결이 그녀의 얼굴에 닿았다. _ C. S. 루이스

그가 파도를 보고 무서워하다가 물에 빠져들어가자 "주님, 살려 주십시오!"
하고 소리쳤다. 예수님이 즉시 손을 내밀어 그를 붙잡으시며
"믿음이 적은 사람아! 왜 의심하느냐?" 하시고 _ 마 14:30-31, 현대인의성경

아이가 자전거 타기를 배우는 모습을 본 적이 있는가? 위태위태한 상황이 펼쳐진다. 대부분의 아이는 태어날 때부터 저돌적인 성격이 아니라면 굉장히 두려워한다. 이 두려움은 이해할 만하고 당연하다. 땅은 울퉁불퉁하고, 금방이라도 넘어질 것 같고, 균형 잡는 것은 어렵다. 문제는 넘어질까 봐 두려워하면 할수록 넘어질 가능성이 높다는 것이다. 하지만 그것은 배우기 어려운 교

훈이고 4살짜리에게는(지금 생각해 보니 40세에게도) 이해되지 않는 교훈이다. 하지만 대부분의 아이가 보지 못하거나 이해하지 못하는 또 하나가 있는데, 그것은 보호자나 교사가 그들이 똑바로 서도록 뒤에서 애를 쓴다는 것이다. 교사는 대개 아이 뒤에서 손을 뻗치고 달리면서 자전거와 자전거에 탄 아이가 기울어지지 않도록 힘을 쓴다. 그러면서 "할 수 있어! 페달을 밟아! 페달을 밟아! 내가 잡고 있어"라고 연신 외친다. 아이에게 확신이 필요하다는 것을 알기도 하지만, 아이가 넘어질 경우 지지와 도움이 필요하다는 것을 알기 때문이다. 아이는 스스로 확신을 가져야 하지만 뭔가 잘못된 경우 바로 옆에 돕는 사람이 있다는 확신도 가져야 한다. 확신이 사라지는 순간 흔들리기 시작하고, 자전거와 자전거를 탄 사람은 넘어질 수밖에 없다. 자전거 타기는 그저 육체적인 성취만이 아니라 감정적인 성취이기도 하다.

자전거 타기와 물 위를 걷기는 같은 경험은 아니겠지만, 둘 다 마음에 용기를 내는 것이 중요하다는 점에서는 동일하다.

### 내게는 새로운 기적이 필요하다

물론, 물 위를 걷는 일을 감행하려 한 사람은 베드로였다. 모든 복음서에 예수님의 사역 이야기가 담겨 있지만, 베드로가 물 위를 걷는 이야기는 오직 마태복음에만 기록되어 있다. 마가복음과 요한복음이 예수님이 물 위를 걸으시는 이야기는 전하지만 베드로와 관련된 내용은 없다.

예수님의 사역 타임라인을 볼 때, 이 사건은 예수님이 떡 5개와 물고기 2마리로 남자 5천 명과 여자들과 아이들을 먹이신 후에 일어난다.

> 예수께서 즉시 제자들을 재촉하사 자기가 무리를 보내는 동안에 배를 타고 앞서 건너편으로 가게 하시고 무리를 보내신 후에 기도하러 따로 산에 올라가시니라 저물매 거기 혼자 계시더니 배가 이미 육지에서 수 리나 떠나서 바람이 거스르므로 물결로 말미암아 고난을 당하더라 (마 14:22-24)

그 장면을 한번 상상해 보라. 예수님은 바로 직전에 놀라운 기적을 행하셨다. 물리법칙을 뛰어넘은 예수님의 기적을 경험한 모든 사람이 감정적으로 고조되어 있었다. "그 사람들이 예수께서 행하신 이 표적을 보고 말하되 이는 참으로 세상에 오실 그 선지자라 하더라 그러므로 예수께서 그들이 와서 자기를 억지로 붙들어 임금으로 삼으려는 줄 아시고 다시 혼자 산으로 떠나 가시니라"(요 6:14-15). 예수님은 유대 백성이 자신이 정치적으로 권력을 얻길 바란다는 것을 알고 계셨다. 그들은 예수님의 사명을 오해하고 있었다. 그들이 예수님을 자신들이 원하는 왕으로 만들려 했기에, 예수님은 현명하게 자리를 피하셨다. 나는 예수님의 이 모습이 참 좋다. 사람들은 그분 권능의 핵심이 세상의 통치권을 얻는 것이라고 생각했지만 예수님은 세상 권력을 무가치하게 여기신다. 기적의 핵심은 도움이 필요한 사람들, 가난한 사람들, 굶주린 사람들을 돌보는 것이었다. 그분의 사명은 권력을 거머쥐는 것이 아니었다. 그분의 사명은 희생적으로 살고, 다른 사람들이 온전히 살도록 죽는 것이었다. 한마디로 예수님은 그 상황을 빠져나오려 하신다. 예수님은 자신이 잘 알려지고 사랑받는 장소, 즉 아버지와의 친밀함으로 가신다. 그분은 기도하기 위해 한적한 곳으로 피하신다. 제자들에게 앞서 가라고 하신다. 여기서 예수님의 어휘는 상당히 강하다. "예수께서 즉시 제자들을 재촉하사 자기가 무리를 보내는 동안에 배를 타고 앞서 건너편으로 가게 하시고."

제자들은 엄청난 기적을 보았을 뿐 아니라 군중이 예수님의 능력을 정치적으로 활용하기를 원한다는 것도 알았다. 그러니 예수님이 자리를 급히 피하셨을 때 그들이 얼마나 맥 빠지고 당황스러웠을지 생각해 보라. 그러고선 배에 탔는데 이 힘들었던 하루가 험한 폭풍으로 마무리될 것처럼 보인다.

바로 여기서부터 이야기가 시작된다. "밤 사경에 예수께서 바다 위로 걸어서 제자들에게 오시니 제자들이 그가 바다 위로 걸어오심을 보고 놀라 유령이라 하며 무서워하여 소리 지르거늘"(마 14:25-26).

당신은 어떨지 모르지만 나는 그들의 반응이 너무나 이해된다! 전혀 과장 없이 그날은 정말 그들에게 감정적으로 격한 하루였다. 파도와 한창 싸우고 있었는데 누군가, 자신들을 향해 걸어오는 것이 보였다. 물 위로 말이다! 당연히 그들은 두려웠다. 예수님이 유령이라고 생각한 것은 당연하다.

### 안심하라

"예수께서 즉시 이르시되 안심하라 나니 두려워하지 말라"(마 14:27). 예수님은 자신을 드러내시며 두 가지 지시를 하신다. 안심하고 두려워하지 말라. 예수님이 의도적으로 자신을 지칭하기 위해 사용하신 "나니"(It is I)라는 표현은 "스스로 있는 자"(I am)이신 하나님 아버지와의 하나 됨을 강조하신 표현이다.

"나니"라는 표현은 떨기나무에서 들린 야훼의 음성(출 3:14)과 이스라엘에게 주님이 그들의 구원자로서 갖는 정체성과 임재를 확신시키는 음성(사 43:10-13)을 암시할 수 있다. 이 이야기 전체에서 예수님은 계속해서 자신의 참된 본성을 제자들에게 드러내시는데, 이 강력한 진술은 폭풍을 잠잠케 하시는 그분의 기적과 부합한다.[1]

"안심하라 나니 두려워하지 말라." 예수님은 당신이 겪는 폭풍 속에서도 이 어구를 똑같이 사용하신다. 제자들에게 주신 메시지는 당신에게 주시는 메시지다. 자신이 누구인지 믿고 신뢰하라는 메시지다. 베드로는 이 메시지를 듣고 자기 성격대로 성급하게 반응한다.

### 만일 주님이시거든

베드로는 무슨 일이 일어나고 있는지 잘 몰랐다. "베드로가 대답하여 이르되 주여 만일 주님이시거든 나를 명하사 물 위로 오라 하소서 하니 오라 하시니 베드로가 배에서 내려 물 위로 걸어서 예수께로 가되"(마 14:28-29).

나는 베드로가 완전히 확신하지 못하는 모습이 참 좋다. 그의 믿음은 확실하거나 완벽하지 않다. "만일 주님이시거든." 베드로는 자신이 예수님을 보고 있다고 생각하지만, 확신하지 못한다. 그의 마음은 약한 징후를 보인다. 하지만 예수님이 그를 부르신다. 베드로에게 자신을 따르라고 처음 부르셨을 때와 마찬가지로. 또한 베드로를 회복시켜 교제하시고 사역으로 이끄셨을 때와 마찬가지로. 예수님은 다시 한번 말씀하신다. "베드로야, 오라, 따르라."

베드로는 완전히 베드로답게 반응한다. 그는 배에서 나와 물 위를 걷기 시작한다. 그는 불가능한 일을 하고 있다! 제자들이 실제 감정과 실제 생각을 가진 실제 인간이었다는 사실을 잊기가 참 쉽다. 잠시 베드로가 되었다고 생각해 보라. 그날 겪은 일들을 생각해 보라. 몇 초 전만 해도 유령을 보았다고 확신했다. 지금은 스승이라고 생각한다. 그리고 지금 물 위를 걷고 있다. 몇 초전만 해도 당신이 탄 배를 거세게 때리던 물, 큰 두려움의 근원이었던 그 물 위를 말이다. 이제 당신은 그 위에 서 있다. 기분이 어떤가? 당신은 예수님을 보는 것을 멈추고 주변을 돌아본다. 갑자기

정신이 확 든다. 지금 서 있는 곳이 어디인지 떠올린다.


보고

순식간에 흥분과 충동이 사그라지면서 엄청난 공포감이 밀려온다. 마태는 이렇게 묘사한다. "바람을 보고 무서워 빠져 가는지라"(마 14:30). 처음에는 예수님을 보고 흥분해서 행동했던 베드로가 갑자기 눈에 보이고 몸에 느껴지는 광경에 압도당하고 만다. 그는 물에 빠져들기 시작한다.

그가 얼마나 멀리 갔고 얼마나 오래 물 위에 서 있었는지는 모르지만, 갑자기 현실이 닥친다. 바람의 위력이 보인다. 부풀어 오르는 흰 물결, 출렁이는 바다, 바람에 흩날리는 물방울들. 그는 갑자기 자신이 어디에 있는지 깨닫고 두려워한다. 노련한 뱃사람이었기에 위험을 잘 안다. 베드로는 이 사건에서 엄청난 용기를 보여 주지만, 동시에 물 위를 걸어 예수님께로 가려는 그의 용기는 꺼지고 만다. 그는 예수님의 신적 정체성을 믿는 믿음에 집중하지 못해 바닷속으로 가라앉기 시작한다.[21]

우리는 베드로를 무척 닮았다. 우리는 너무나 쉽게 무엇에 집중해야 하는지를 놓쳐 버리고 만다. 우리는 주변을 본다. 우리 삶의 깨어진 부분들을 바라보며 이렇게 생각한다. **예수님이 가라고 하시는 곳으로 갈 방법이 없어.** 어떤 의미에서 우리는 우리가 누구인지를 기억하고, 우리의 무능과 연약함을 안다. 그리고 그분의 능력을 의심한다. 우리는 아무것도 할 수 없다고 속삭이는 것들에 온통 시선을 빼앗긴 채, 우리를 위해 그 모든 것을 행하신 분을 잊어버린다. 우리는 용기를 잃는다. 순종하고 싶지만 무섭다. 믿음을 잃어버렸다. 배에서 걸어 나와야겠다고 결심했던 이유를 잊어버렸다. 우리가 난 사선서가 기울고 있나는 느낌, 그리고 넘어지면 정말 아플 거라는 느낌에 빠지고 말았다.

### 베드로가 소리 질러

비록 지금 베드로의 믿음이 최고로 강하지는 않지만, 여전히 온전하다. 그는 어디에 도움을 요청해야 하는지 알고 있다. 마태복음 14장 30절은 이렇게 말한다. "소리 질러 이르되 주여 나를 구원하소서."

폭풍이 몰아쳐 가라앉을 것만 같을 때 우리 모두가 부르짖을 말을 베드로도 한다. "주여 나를 구원하소서." 의심 속에서도 베드로는 예수님이 자신을 구원하실 수 있는 유일한 분임을 알았다.

  이 이야기는 참으로 용기를 준다! 중요한 것은 베드로의 믿음이 아니다. 결코 그렇지 않다! 중요한 것은 우리에게는 우리를 구원하기를 기뻐하시는 구세주가 있다는 것이다. 예수님은 우리를 부르신다. 하지만 그분을 따라가더라도 우리는 넘어지고 실패할 것이다. 이런 연약하고 불확실하고 실패하는 순간들 속에서 우리는 정말 중요한 것을 배우게 된다. 예수님이 우리를 구원하기 위해 거기 계시다는 것이다. 계속 걸어갈 믿음이 없다고 자책할 필요가 없다. 베드로는 충분히 확고한 믿음이 없었다. 우리도 없다. 그리스도인들은 종종 강하고 용기 있는 믿음을 갖도록 "믿음이 굳세어지라"는 격려를 받는다. 하지만 그게 그렇게 쉽지 않다는 것을 우리는 모두 안다. 베드로의 강하고 용감한 믿음은 생겼다 없어졌다 했다. 베드로가 물에 가라앉을 때 그의 믿음은 작았다. 하지만 구세주의 힘은 베드로의 믿음이 얼마나 크냐에 좌우되지 않는다. 예수님의 구원하시려는 의지와 능력은 영원히 그분의 성품 안에 새겨져 있다. 우리 구세주는 본래 그런 분이다.

  당신도 살면서 구원이 올지, 온다면 언제 올지 확신할 수 없는 중에 구원해 달라고 부르짖어 본 적이 있을 것이다. 어떤 상황에서든 폭풍우 치는 바다에서 구조되고 발이 빠질 수밖에 없는 상황에서 걸을 수 있기를 간절히 소망하게 된다. 베드로는 자신의 실패를 인정할 필요도 없이 예수님이 바로 구원하신다. 베드로에게 필요한 것은 자신의 필요를 인정하는 것뿐이었다. 그리스도께서 요구하시는 것은 언제나 이것이다. 당신 삶에 대한 그분의 평가에 동의하라. 당신과 나는 그분이 주시는 도움이 필요하다!

### 용기 없는 마음

자신이 용기가 없다고 느낀 적이 얼마나 자주 있는가? 이 이야기 속에서 베드로는 용기 없는 제자다. "예수님이 즉시 손을 내밀어 그를 붙잡으시며 '믿음이 적은 사람아! 왜 의심하느냐?' 하시고"(마 14:31, 현대인의성경).

예수님은 즉시 자신이 행하길 기뻐하는 일을 하셨다. 그분은 손을 뻗어 베드로를 잡으셨다. 구원이 먼저 온다. 그다음 예수님은 이렇게 물으신다. "왜 의심하였느냐? 너의 믿음은 어디 있느냐? 어찌된 것이냐?" 베드로는 믿었다. 우리는 믿는다. 하지만 베드로는 의심했고 우리도 의심한다. 예수님은 우리 믿음과 함께 공존하는 우리 의심을 용서하신다. 그분은 우리 안에 믿음이 있기를 요구하신다. 그분은 손을 뻗어 우리를 깊은 곳에서 건져내 시며 우리 믿음이 살아나게 하신다.

예수님은 즉시 손으로 베드로를 잡아 그를 구해 내시고는 이렇게 말씀하신다. "믿음이 작은 자여 왜 의심하였느냐." '믿음이 작다'(oligopistos)는 나사렛 마을 사람들의 믿지 않던 굳은 마음과는 다른 단어다(마 13:58). 믿음이 없는 사람은 예수님을 알아보고 그분에게 도움을 구하지 못한다. 베드로에게는 믿음이 있었다. 다만 제대로 작동하지 못했을 뿐이다. '효용이 없는 믿음'(마 17:20과 비교)이었다. 베드로의 믿음은 그가 예수님의 진정한 정체성을 알아보고 그분께 물 위를 걷게 해 달라고 요청하게 했지만, 그것은 일종의 감정적 에너지의 분출이었다. 그를 움직이게 하는 데는 충분했지만 그를 지탱할 만큼 충분하지는 못했다. 중요한 요소는 그의 눈을 바람이 휘몰아치는 바다의 위험이 아니라 예수님께 단호하게 집중하는 것이다. 그렇게 하면 예수님은 베드로에게 자신이 누구인지 더욱 분명히 알게 하실 것이고 그 위에서 행동하게 하실 것이다. 믿음은 베드로에게 더 많이 필요한 어떤 물건 같은 것이 아니었다. 믿음은 베드로에게 부여된 일을 완수하기 위해 예수님을 지속적으로 신뢰하는 것이었다.[3]

예수님은 베드로의 믿음이 확실해지기까지 그를 돕는 일을 거절하지 않으신다. 예수님은 베드로를 그의 의심 속에서 바로 구원하신다. 예수님은 용기를 잃은 제자에게 손을 뻗어 안전하게 붙들어 올리신다. 이것은 우리에게 좋은 소식이다. 이것은 예수님의 마음에서 물씬 풍겨 나는 은혜다. 예수님은 이렇게 말씀하시지 않는다. "봐라, 베드로야. 나는 실제로 떡 5개와 물고기 2마리로 수천 명을 먹였다. 나는 지금 물 위에, 절대 서 있을 수 없는 물 위에 서 있다. 나는 이 물 위를 가로질러 너에게로 왔다. 폭풍을 뚫고 말이다. 왜 내 능력을 의심하느냐? 힘내라! 행동으로 옮겨 봐라! 내가 너를 구하기 전에 먼저 회개해라!"

아니, 예수님은 이런 분이 아니다. 예수님은 그저 베드로를 구해 주시고, 자신을 조금만 믿고 신뢰해도 도와주는 분임을 상기시키신다. "왜 의심하였느냐?"는 예수님이 대답을 들으려고 하신 질문이 아니다. 예수님은 베드로가 왜 의심했는지 아신다. 그분은 당신과 내가 왜 의심하는지 아신다. 우리는 연약하다. 예수님이 그 질문을 하신 것은 베드로가 스스로 의심할 필요가 없음을 깨닫게 하시려는 것이다. 예수님은 베드로가 다시 눈을 들게 하신다. 그리고 베드로에게 자신에게 집중하라고 요구하신다.

예수님은 능력이 많으실 뿐 아니라 은혜로우시기도 하다. 이 사건이 있기 전에도 그분은 기적들을 행하셨는데, 그것만으로도 베드로는 믿음을 확고히 **해야 했다**. 그러나 예수님은 우리를 잘 아신다. 그분은 우리의 연약함과 변덕스러움을 아신다. 그래서 그분은 계속해서 우리를 부르신다. 우리의 의심 속에서 그분은 우리를 구원하신다. 우리의 두려움 속에서 그분은 우리를 구원하신다. 우리의 용기 잃은 마음속에서 그분은 우리에게 공감하고 우리를 안전한 곳으로 부르신다.

용기를 잃은 이여, 용기를 내라. 두려워하지 말라. 예수님이 폭풍 속에서 당신과 함께하신다. 그분은 당신의 의심 속에서도 당신과 함께하신다. 당신이 의심하고 믿음이 부족하다고 해서 그분의 사랑과 은혜를 못 받는 것이 아니다. 폭풍으로부터 시선을 거두라. 당신에게 오라고 손 흔드시는 구세주를 바라보라. 거기서 안전하게 될 것이다. 그분은 모든 것을 감당할 힘이 있으시다.

# 06

## 실패한 자와 함께하신 예수님

용서받을 것이 적어서 조금 사랑하는 것이 아니다.
조금 고백하고 숨기는 것이 많아서 조금 사랑하는 것이다. _ 대니얼 프라이스

예수를 청한 바리새인이 그것을 보고 마음에 이르되
이 사람이 만일 선지자라면 자기를 만지는 이 여자가 누구며
어떠한 자 곧 죄인인 줄을 알았으리라 하거늘 _ 눅 7:39

우리는 '실패'를 소셜 미디어에 광고하지는 않지만, 대부분 실패를 경험했다. 아니 적어도 마음속으로는 스스로에게 이 단어를 사용한 적이 있을 것이다. 내면 깊이 자기 질책을 하며 주변 사람들보다 자신을 못났다고 여기게 되는 실패는 다른 사람들로부터 멀어지게 하는 경향이 있다. 너무 상처가 되어 밖으로 나가지 못하고 자존감에 상처를 입고 공적 평판에도 치명타를 입는다.

**그런데 누가복음은 예수님께 실패가 찾아왔을 때를 말해 준다.**

한 바리새인이 예수께 자기와 함께 잡수시기를 청하니 이에 바리새인의 집에 들어가 앉으셨을 때에 그 동네에 죄를 지은 한 여자가 있어 예수께서 바리새인의 집에 앉아 계심을 알고 향유 담은 옥합을 가지고 와서 예수의 뒤로 그 발 곁에 서서 울며 눈물로 그 발을 적시고 자기 머리털로 닦고 그 발에 입맞추고 향유를 부으니 예수를 청한 바리새인이 그것을 보고 마음에 이르되 이 사람이 만일 선지자라면 자기를 만지는 이 여자가 누구며 어떠한 자 곧 죄인인 줄을 알았으리라 하거늘 예수께서 대답하여 이르시되 시몬아 내가 네게 이를 말이 있다 하시니 그가 이르되 선생님 말씀하소서 이르시되 빚 주는 사람에게 빚진 자가 둘이 있어 하나는 오백 데나리온을 졌고 하나는 오십 데나리온을 졌는데 갚을 것이 없으므로 둘 다 탕감하여 주었으니 둘 중에 누가 그를 더 사랑하겠느냐 시몬이 대답하여 이르되 내 생각에는 많이 탕감함을 받은 자니이다 이르시되 네 판단이 옳다 하시고 그 여자를 돌아보시며 시몬에게 이르시되 이 여자를 보느냐 내가 네 집에 들어올 때 너는 내게 발 씻을 물도 주지 아니하였으되 이 여자는 눈물로 내 발을 적시고 그 머리털로 닦았으며 너는 내게 입맞추지 아니하였으되 그는 내가 들어올 때로부터 내 발에 입맞추기를 그치지 아니하였으며 너는 내 머리에 감람유도 붓지 아니하였으되 그는 향유를 내 발에 부었느니라 이러므로 내가 네게 말하노니 그의 많은 죄가 사하여졌도다 이는 그의 사랑함이 많음이라 사함을 받은 일이 적은 자는 적게 사랑하느니라 이에 여자에게 이르시되 네 죄 사함을 받았느니라 하시니 함께 앉아 있는 자들이 속으로 말하되 이가 누구이기에 죄도 사하는가 하더라 예수께서 여자에게 이르시되 네 믿음이 너를 구원하였으니 평안히 가라 하시니라

(눅 7:36-50)

### 사람들

누가복음에 나오는 이 이야기에는 세 명의 인물이 등장한다. 먼저는 진짜 바리새인인 시몬이다. 바리새인은 당시 종교적 엘리트로 여겨졌다. 모든 것을 다 가진 듯한 인스타그램 인플루언서를 한번 떠올려 보라. 소셜 미디어에서 보는 즉시 '아, 저 사람은 정말 끝내준다'라는 생각이 드는 그리스도인을 한번 생각해 보라. 사람도 늘 완벽해 보이고 환경도 늘 완벽해 보이고 실수도 절대 하지 않을 것 같은 사람이다. 그런 사람이 바로 시몬이다.

이 이야기에서 두 번째 인물은 우리의 영웅 예수님이시다.

세 번째 인물은 실패자다. 그 마을에서 죄인으로 통하는 초대받지 못한 손님이다. 그 여자는 예수님이 시몬의 집에 오신다는 말을 듣고 향유 옥합을 들고 곧바로 달려가 예수님을 보려 한다.

시몬은 깨끗하고 옳은 일을 하는 사람으로 알려져 있었다.
그 여자는 더럽고 나쁜 일을 하는 사람으로 알려져 있었다.

시몬은 종교적인 사람으로 알려져 있었다.
그 여자는 죄인으로 알려져 있었다.

시몬은 모든 규칙을 지키는 사람으로 알려져 있었다.
그 여자는 모든 규칙을 깨는 사람으로 알려져 있었다.

시몬은 성공한 야심가로 알려져 있었다.
그 여자는 실패자로 알려져 있었다.

그 실패자는 예수님이 바리새인의 집에 들어가 앉으신 것을 알았을 때 엉망이 된 자신의 평판 때문에 집에 머물러 있지 않았다.

"그 동네에 죄를 지은 한 여자가 있어 예수께서 바리새인의 집에 앉아 계심을 알고 향유 담은 옥합을 가지고 와서 예수의 뒤로 그 발 곁에 서서 울며 눈물로 그 발을 적시고 자기 머리털로 닦고 그 발에 입맞추고 향유를 부으니"(눅 7:37-38).

이 상황이 사회적으로 어떻게 비쳤을지 상상이 가는가? 그 방에 있던 모든 눈이 이 랍비 손님과 초대받지 못한 침입자의 조합에 쏠릴 것이다. 특히 주인인 시몬의 눈이 그러했다. "예수를 청한 바리새인이 그것을 보고 마음에 이르되 이 사람이 만일 선지자라면 자기를 만지는 이 여자가 누구며 어떠한 자 곧 죄인인 줄을 알았으리라 하거늘"(눅 7:39).

### 시몬이 예수님을 대한 방식

시몬은 회의적이었다. 바리새인들은 대부분 최근 들어 유명해진 이 떠돌이 예언자이자 선생을 그리 좋아하지 않았다. 사실 이 이야기 바로 앞에서 누가는 예수님이 바리새인들을 향해 하셨던 직설적인 말들과 그에 대한 바리새인들의 반응을 기록했다. 예수님은 자기들 외에 백성을 가르치려는 사람들에게 부정적인 말을 일삼았던 그 종교 지도자들을 비판하셨다. 이 집의 주인인 시몬도 바리새인 중 한 명으로서 다른 이들과 크게 다르지 않게 거들먹거리는 태도로 예수님을 대했다. 손님이긴 하지만 자신보다 열등한 존재로 대했다. 예수님은 이 방문에서 시몬이 하지 않은 일들을 언급하신다. 그는 손님이 발 씻을 물도 주지 않았고, 환영의 입맞춤도 하지 않았으며, 존중을 표현하는 다른 외적인 행위들을 하지 않았다. 이 이야기가 보여 주는 모든 지표를 볼 때, 시몬은 기본적으로 자신이 예수님보다 낫다고 생각하고 있었다고 추론하는 것이 맞을 듯하다.

### 그 여자는 예수님을 어떻게 대했나?

예수님과 종교 지도자들이 앉아서 먹고 있을 때 그 여자가 방으로 들어왔다. 한 성경 주석가는 이 일상의 저녁 식사 모습을 이렇게 그린다. "유대인들은 넓고 긴 의자에 앉아 식사를 했다. 각 사람은 왼쪽 팔에 기댄 채 발을 쭉 뻗어서 U 자 모양으로 앉았고 한 의자에 여러 명이 앉았다."[1] 예수님의 발은 음식이 놓인 중앙 테이블에서 멀리 뻗어 있었을 것이다.

당신이 이 초대받지 못한 여자라고 생각해 보라. 그 여자는 예수님을 향해 가면서 어떤 생각을 했을까? 그 여자는 예수님이 많은 사람을 만났다는 것과 그분이 지혜로운 선생이자 기적을 베푸는 치유자라는 것을 들어 알고 있었을 것이다. 그 여자도 용서받고 받아들여질 수 있을까? **그 여자도** 은혜를 받을 수 있을까? 죄가 넘치는 곳에 은혜가 더욱 넘친다는 말(롬 5:20)이 진짜일까?

여자는 예수님께 더 가까이 가고 싶은 욕망을 억누를 수 없었다. 여자는 예수님의 발치로 가서 울기 시작했다. 눈물로 예수님의 발을 적시며 머리칼로 눈물을 닦았다. 이 눈물은 금방 닦아 낼 수 있는 한두 방울의 눈물이 아니었다. 엉엉 우는 울음이었다. 발을 적실 만큼 많은 눈물이었다. 그 여자의 행동은 사회적으로 용납되기에는 너무 지나친 행동이었다. 그 여자의 행동은 충격적이었다.

오늘날 우리는 이 행동을 아름다운 추문 정도로 생각하는 경향이 있다. 하지만 그 행동은 예수님 사역 당시에는 추문을 훨씬 뛰어넘는 것이었다. 게다가 그 여인은 당시 금기시되던, 머리카락을 풀어헤치는 행동을 했다. 그것은 결혼한 여인이 자신의 남편 앞에서만 하도록 허용되던 것이다. 여인이 집에 들어와 예수님께 다가간 것은 모든 사람에게 충격이었다. 남자들만 들어와 종교 지도자들이 먹고 대화하는 것을 멀찍이서 들을 수 있었다. 가까이 다가가는 것은 허용되지 않았다. 심지어 여자라면 더더욱 허용되지 않았다.

그러니 그 여자에게 정말로 중요한 것은 무엇이었겠는가? 사회 규범을 따르는 것보다 더 중요하고, 죄의 그늘에 머무는 것보다 더 중요한 것이 무엇이었겠는가? 무엇이 그 실패자를 예수님께로 가까이 이끌었는가?

아마도 그 여자는 예수님이 팔레스타인을 가로지르며 설교하셨던 용서의 메시지를 들었을 것이다. 아마도 그 여자는 예수님이 여자들을 다르게 대하신다는, 심지어 사랑하시고 받아 주신다는 이야기를 들었을 것이다. 그 여자는 자신에게 필요한 것이 예수님께 있다는 것을 직감적으로 알았다. 그래서 우리의 실패자 친구는 울면서 예수님의 발치로 다가간다.

시편은 하나님이 우리 눈물을 간직하시고 우리 고난을 세신다고 표현한다(시 56:8). 이 여인이 흘린 눈물은 그녀의 구세주에게 소중하다. 감사와 경배로 여인은 그분의 발에 입 맞춘다. 그분이 자신을 받아 주셨다는 선물에 감격하여 그분의 발에 향유를 붓는다. 그 여인은 자신이 예수님께 드릴 수 있는 것을 드린다.

여인이 자신의 슬픔과 안도, 감사, 혹은 경배를 말로 표현하지 않았다는 것은 중요하지 않다. 예수님의 반응은 날것의 감정을 더욱 증폭한다. 예수님은 그 여인이 감정적이라고 부끄럽게 여기지 않으셨다. 예수님은 그녀가 드리는 사랑과 눈물과 입맞춤과 향유의 선물을 소중히 여기신다. 우리가 생각하기에 조금 불편할 수 있는 상황이었지만, 예수님은 전혀 불편한 내색을 하지 않으신다. 그분은 여인이 행동하는 동안 완벽히 평온을 유지하셨다. 그분은 전혀 불편해하지 않으셨다.

스펄전은 예수님과 이 실패자 여인 사이에 일어난 일에 대해 이렇게 썼다.

ㄱ 여인은 한마디 말도 하지 않았습니다. 형제들이여, 우리도 말은 번드르르하지만 선물도 마음도 눈물도 없이 오는 사람보다, 말은 없지만 예수님을 진정으로 사랑하는 사람을 더 좋아합니다. 우리 주님도 아무 말도 하지 않으시고 잠잠히 묵인하셨지만 그 여인이 드리는 사랑을 다 받으셨고, 한때 죄인이었지만 더 이상 죄인이 아니게 될 사람의 감사 속에서 그분의 가련하고 지친 마음이 달콤한 위로를 얻으셨습니다.[2]

스펄전은 '사랑'장인 고린도전서 13장에서 다시 한번 이 말을 새기는 듯하다.

> 내가 사람의 방언과 천사의 말을 할지라도 사랑이 없으면 소리 나는 구리와 울리는 꽹과리가 되고 내가 예언하는 능력이 있어 모든 비밀과 모든 지식을 알고 또 산을 옮길 만한 모든 믿음이 있을지라도 사랑이 없으면 내가 아무 것도 아니요 내가 내게 있는 모든 것으로 구제하고 또 내 몸을 불사르게 내줄지라도 사랑이 없으면 내게 아무 유익이 없느니라(고전 13:1-3)

많은 경우 우리는 신중한 지성을 갖추는 것, 올바른 말을 하는 것, 남다른 신앙을 갖는 것, 심지어 재정을 기부하는 것을 소중히 여긴다. 하지만 우리 하나님은 사랑을 소중히 여기신다. 그분은 당신이 옳은 말만 하고 옳은 행동만 한다 해도 그것을 사랑의 마음으로 하지 않으면 아무 소용이 없다고 말씀하신다.

예수님은 여인의 감정적인 감사의 표현을 격상하시고 받아 주신다. 우리는 "어우! 저건 너무 부적절해"라며 외면하지만, 예수님은 그 여인의 사랑을 받아 주시고 소중히 여기신다. 예수님은 그 여인을 행동 교정이 필요한 과도하게 감정적인 여자로 생각하지 않으신다.

### 예수님은 시몬을 어떻게 대하시나?

예수님은 여인의 사랑을 받아 주신 동시에, 시몬도 사랑하신다. 그래서 그의 잘못된 생각을 말해 주신다. 시몬은 벌어지는 일을 보면서 이렇게 생각했다. **이 사람이 만일 선지자라면 자기를 만지는 이 여자가 누구며 어떠한 자 곧 죄인인 줄을 알았으리라.** 그래서 예수님은 그에게 이렇게 대답하신다. "시몬아 내가 네게 이를 말이 있다"(눅 7:40). 예수님은 시몬의 생각을 알고 계셨다. 시몬은 자신이 드디어 예수를 현행범으로 잡았다고 생각해서 의기양양해하고 있었다. 시몬은 바리새인들이 믿고 있듯이 예수님이 사기꾼이라는 것을 자신이 밝힐 수 있을 거라고 믿었다.

하지만 놀랍게도 예수님은 그 여인이 누구인지 알고 계셨다. 더 놀라운 것은 시몬도 잘 알고 계셨다는 것이다. 그러나 시몬은 자신과 말하는 분이 누구신지 모르고 있었다.

### 비유

그 여인은 예수님을 알고 있다. 예수님도 그 여인을 아신다. 예수님은 시몬을 아신다. 시몬은 못마땅하다. 예수님은 시몬이 잠시 자기 성찰의 시간을 갖도록, 그리고 그가 실제로 누구와 대화하는지 알도록 비유를 사용하신다.

예수님은 돈을 빚진 두 사람의 이야기를 들려주신다. 한 사람은 다른 사람보다 훨씬 많은 돈을 빚졌지만, 갚을 수 없다는 점에서는 둘 다 같은 형편이다. 꾸어준 이는 두 사람의 채무를 모두 탕감해 준다. 여기서 예수님은 시몬에게 스스로를 알 수 있는 질문을 던지신다. "누가 더 감사하겠느냐? 누가 더 사랑하겠느냐?"

시몬은 이 질문에 대답하기 싫었지만, 포기하고 대답한다. "내 생각에는 많이 탕감함을 받은 자입니다."

시몬은 자신의 나무랄 데 없는 평판과 사회적 지위로 인해 자신은 덜 빚진 자이고 덜 용서받은 자라고 생각한 것이 분명하다. 하지만 예수님은 사실은 시몬이 더 많이 빚진 자라는 증거를 넌지시 지적하신다. 시몬은 예수님의 발을 씻겨 드리지 않았다. 예수님을 맞이하며 전통적인 입맞춤도 하지 않았다. 자신의 손님에게 향유를 붓지도 않았다. 하지만 '하자 있는' 그 여인은 시몬의 집에 들어와 예수님을 그분이 마땅히 받으셔야 할 방식으로, 자신의 눈물로 그분의 발을 씻기고 그분의 발에 입 맞추고 아낌없이 향유를 부어 드림으로 대했다.

예수님은 그 실패한 여인이 왜 그렇게 사랑과 감사가 가득했는지 이유를 설명하신다. 그녀는 매우 많이 용서받았기에 더 많이 사랑한 것이다. 이 여자는 자신의 죄에 정직했고 가장 큰 선물을 받았다.

### 예수님은 그 여인을 어떻게 대하시나?

예수님은 이 여인을 부끄러워하거나 그가 하는 행동에 당황하지 않으셨다. 예수님은 그 여인에게로 주의를 환기시키신다. "시몬 … 이 여자를 보느냐?" 예수님은 단순히 그 여인을 받아 주시고 용서하신 것만이 아니다. 그분은 그 여인을 변호해 주신다! 예수님이 그 여인의 변호인이 되어 수시는 바람에 여인은 스스로 자신을 변호할 필요가 없었다. 예수님은 고소인과 여인 사이에 서신다. 예수님은 결국 시몬에게 이렇게 말씀하시는 것과 같다. "너희의 비난은 나를 통과해야만 한다. 나는 이 여인을 안다. 나는 이 여인이 하는 일을 안다. 내가 이 여인을 인정한다."

어떤 실패가 기억 속에서 괴롭히든, 당신의 친구나 이웃이 보지 말았으면 하는 흠이 무엇이든, 예수님은 당신을 변호하신다. 예수님은 우리의 변호사이시다. 요한은 이렇게 기록한다. "나의 자녀들아 내가 이것을 너희에게 씀은 너희로 죄를 범하지 않게 하려 함이라 만일 누가 죄를 범하여도 아버지 앞에서 우리에게 대언자가 있으니 곧 의로우신 예수 그리스도시라 그는 우리 죄를 위한 화목제물이니 우리만 위할 뿐 아니요 온 세상의 죄를 위하심이라"(요일 2:1-2).

누가 당신 앞에 서서 당신을 정죄하는가? 스스로 정죄하는가? 다른 이가 정죄하는가? 원수가 반복해서 과거의 모든 잘못과 죄가 생각나게 하는가? 예수님이 당신의 변호사이시다. 그분이 당신을 변호하신다. 그분의 삶과 죽음, 부활, 그리고 당신에게 주신 의라는 선물은 당신이 지금 온전히 사랑받고, 받아들여지고, 용서받은 채 하나님 앞에 서 있음을 의미한다. 하나님이 친히 당신을 의롭다고 하시는데 누가 당신을 정죄할 수 있는가?

예수님은 모두가 평판이 안 좋은 죄인이라고 여겼던 이 여인을 의롭다고 하셨다.

### 너무 좋거나 너무 나쁘거나

우리는 자신을 명확하게 보는 일에 아주 서툴다. 당신은 자신을 조금 사랑하는 사람으로 생각하는가 아니면 많이 사랑하는 사람으로 생각하는가? 이 질문에 어떻게 대답하느냐는 당신이 스스로를 어떻게 보는지 그리고 하나님을 어떻게 보는지에 달렸다.

당신은 자신을 어떻게 보는가? 아래 제시된 생각들 속에서 비슷한 울림이 느껴지는가?

내 말은, 나도 어두운 시절이 있었지만, 난 그들하고는 달라!
그들이 누구한테 투표했다고!?
그 여자가 하는 말 들었어? 그 사람이 어디 갔는지 봤어?
그 사람이 죄인인 건 누구나 알아. 페이스북 프로필 좀 봐!
솔직히, 하나님은 나 같은 사람이 있어서 운이 좋으신 거지.
내가 한 거 봤어?
내가 칭찬받는 거 봤지?
모두가 날 어떻게 생각하는지 봤지?

대부분의 사람이 자신을 관대하게 평가하며 이렇게 생각하는 경향이 있다. **난 꽤 괜찮은 사람이야. 실패자는 분명 아니지. 굳이 하나님께 나아갈 필요는 없어.** 예수님의 발치에서 울 필요가 있다고 생각하지 않는 때가 많다.

때로는 너무 수치스러움을 느끼기도 한다. 그래서 구세주께 나아가기를 꺼린다.

하나님은 내가 어디에 갔는지 다 아셔.

하나님은 내가 무슨 생각을 하는지 다 아셔.

하나님은 내가 방문한 웹사이트를 다 아셔.

하나님은 내 충동을 다 아셔.

하나님은 내 실패를 속속들이 다 알고 계셔.

난 잘못된 행동을 너무 많이 했어.

난 너무 멀리 가 버렸어.

난 최악의 실패자야.

난 하나님께 나아갈 수가 없어.


누가복음 기자가 이 '더 많이 사랑한 여인'이 예수님을 만나는 모습을 우리에게 보여 준 것은 얼마나 복인가. 이 '실패자'는 도움이 되지 않는 생각의 패턴들을 다 거부했다. 여자는 자신이 예수님께 나아갈 수 있을 만큼 충분히 선한 사람이 아닌 것을 잘 알고 있었지만, 동시에 자신의 실패 때문에 예수님을 멀리할 필요는 없다는 것을 잘 알고 있었다.

이 여자는 구세주를 소망했기에 회개와 헌신의 마음으로, 더욱 사랑하는 마음으로 예수님 발 앞에 엎드리며 나아왔다. 이 여자가 보여 준 회개와 감사의 모습은 이 여자가 자신의 죄를 알고 있었고 구세주께 온통 집중하고 있었음을 보여 준다.

### 선포: 네 죄 사함을 받았느니라

시몬은 자신에게 죄가 많지 않거나 없다고 생각했다. 그는 자신이 죄를 죽이고 있다고 확신했다. 물론 겉으로 보기에 그는 죄를 뽑아 버린 것처럼 보였지만, 그가 예수님을 만나는 장면, 예수님이 그의 집에 오셨을 때 그분을 존중하지도 않고 적절한 환영도 하지 않았던 장면은 그의 내면에 사랑이 없음을 분명히 보여 준다.

시몬은 자신의 사회적, 종교적 지위에 대한 자신감과 자부심 속에서 자신이 따라야 할 규칙을 정했다. 그 규칙을 따르지 못했을 때는, 그 규칙이 자신과 같은 합당한 사람에게는 적용되지 않는다며 스스로를 정당화했다.

우리도 다 그러지 않는가?

그 여자에 대해 그렇게 심하게 말하지 말았어야 했지만 …
화내며 반응해서는 안 된다는 걸 알지만 …
나 혼자일 때는 카풀 차선에서 운전하면 안 되는 걸 알지만 … 지각할 수는 없잖아.

그 웹사이트에 가면 안 되는 걸 알지만 …

…해서는 안 되는 걸 알지만 …

  시몬은 그 여자를, 그리고 자신처럼 살지 않는 사람들을 무시했다. 그는 자신이 별로 빚진 것이 없다고 생각했기 때문에 별로 사랑하지 않았다. 그가 예수님께 더 사랑받기 위해 나가서 더 큰 죄를 지을 필요는 없었다. 그저 자신의 마음이 그 여자의 마음만큼이나 어둡다는 것을 인정하기만 하면 되었다. 자신도 사실은 엄청나게 많은 빚을 진 사람이라는 것을 알아야 했다. 시몬은 죄 많은 여인만큼이나 완전한 실패자였다. 자만하고 정죄하고 자기를 정당화하는 그의 죄는 그 여자가 도시에서 저지른 죄와 다를 바가 없었다.

  자신이 죄가 없다고 생각하면, 혹은 적어도 다른 사람보다는 낫다고 생각하면 쉽게 비판적이 되고 화를 내게 된다. 우리는 자신이 죄인이었으나 용서받고 받아들여졌다는 데서 기쁨을 찾기보다, 대개는 자신을 긍정적으로 바라보는 데서 기쁨을 찾으려고 한다. 대니얼 프라이스는 이렇게 말한다.

예수님의 큰 사랑은 영원히 주어지고 절대 마르지 않는다. 하지만 우리는 부족한 입장에서 살다 보니, (세상 모든 죄인은 말할 것도 없고) 단 한 명의 **진짜** 죄인의 계좌를 채울 만한 충분한 사랑과 은혜와 선함을 가진 누군가가 있으리라고 미처 생각하지 못한다. 그래서 우리는 자신이 그렇게 많이 부족하지는 않다고 보여 주려고 적극적으로 노력한다. 맨 앞줄에 서고 거만하게 걷고 은혜가 그리 많이 필요하지 않은 사람처럼 자신을 보여 준다. 우리의 죄 목록은 짧고 그렇게 심각한 죄도 없어 보인다. 마치 이렇게 말하는 것 같다. "예수님, 우리 정도면 최고지요. 우린 정말 잘해 왔지요." 우리에게는 용서가 필요한 것이 별로 없다. 이것이 우리가 여기까지 온 방식이다. 이것이 시몬이 여기까지 온 방식이다. 또한 이것이 우리 모두가 사랑 없음의 지배를 받는 방식이다.[3]

이 이야기의 소위 실패자는 "사랑 없음"에 지배당하지 않는다. 그 여자는 자신이 누구인지 알았고, 훨씬 더 훌륭하게도 예수님이 누구신지 알았다. 그 여자는 예수님을 더 사랑하는 마음으로 그분께 나아왔고 그분의 변호를 받았다.

어떻게 해야 당신이 더 많이 사랑하는 사람이 되겠는가? 자신이 얼마나 많이 용서받았는지를 알 때 가능하다. 예수님이 실패자를 대할 때 보여 주신 그 사랑으로 인해 기뻐하라. 자신을 다른 사람과 비교하는 것을 멈추라. 대신 그리스도의 완전한 삶에 시선을 고정하라. 그리스도께서 얼마나 완전하신지를 보면 우리가 얼마나 절망적으로 부족한지를 바로 알 수 있다.

언제 마지막으로 그리스도의 사랑에 감격해 보았나? 아마 당신이 심하게 일을 망쳤는데 예수님이 은혜를 베푸셨음을 깨달았을 때였을 것이다. 구세주께 가까이 나아갈 때, 죄는 그저 겉으로 드러나게 행한 일이 아니라 우리 마음의 굽은 부분임을 점점 더 알게 될 것이다. 자신을 정당화하고 자신을 기쁘게 하려는 것이 인간 본성이다. 이기심, 영광 차지하기, 관심 끌기, 내면에 집중하기 등이 우리의 주된 작동 체계다. 별로 큰 죄를 저지르지 않았다고 스스로를 다독이느라 바쁜 나머지, 우리는 자신이 그리 나쁜 사람이 아니기에 구세주가 필요하지 않다고 생각하는 죄를 절박하게 용서받아야 한다는 사실을 놓치고 만다.

예수님을 많이 사랑하는 것은 그분의 관대함을 보고 그 관대함에 더 온전히 의존함으로써 시작된다. 누가는 예수님과 이 여인이 만난 이야기를 그리스도의 용서 선포로 마무리 짓는다. 예수님이 여인에게 말씀하신다. "네 믿음이 너를 구원하였다." 여자는 자신이 사랑받고 있음을 알았다. 여자의 믿음은 선물, 구원의 선물이었다. 그다음 예수님은 이렇게 말씀하신다. "평안히 가라." 그들은 화해했다. 예수님은 여자를 온전하게 회복시키셨다. 여자는 하나님과 평화하게 되었다. 여자는 가까이 초대받았다. 멀리 배제되었던 사람이 이제는 식탁으로 오도록 환영받는다. 여자가 자신의 죄에 사로잡혀서 자신의 구원자가 누구인지 잊어버리지 않게 하신 하나님을 찬양하라. 여자는 자신의 모습에도 불구하고, 그리고 자신의 모습을 알았음에도 불구하고 예수님의 사랑과 수용을 받아들일 수 있었다. 예수님이 변호하시기에 여자는 더 이상 분투하거나 자신을 증명할 필요가 없었다. 여자는 평화로울 수 있었다.

예수님은 종교 공동체 앞에서 선포하셨다. "네 죄 사함을 받았느니라." 여자는 이미 그 사실을 알고 있었다. 그래서 예수님의 발치에서 감격하며 눈물 흘릴 수 있었던 것이다. 하지만 예수님은 이를 종교인들 앞에서 선포함으로써 그들이 그녀의 새로운 지위를 알도록 하셨다. 여자는 더 이상 죄인이 아니라 용서받은 여인으로 이름이 바뀌었다. 여자는 평화롭게 갈 수 있었다. 자신의 구세주와 평화를 누리고, 이웃과 공동체와도 평화를 회복할 수 있었다.

많이 사랑하고 싶은가? 많이 사랑받고 싶은가? 자신에 대한 너무 좋거나 너무 나쁜 평가 때문에 예수님의 발치에서 멀어졌는가? 예수님이 시몬을 가르치려고 들려주신 비유에 나온 두 빚진 자는 많이 빚진 자와 적게 빚진 자 모두 용서받았다. 요점은 우리에게 모든 빚을 갚아 주시는 구원자가 있다는 것이다. 예수님은 시몬과 그 여인에게 하셨던 말을 당신에게도 똑같이 하신다. "네 죄 사함을 받았느니라." 당신은 예전에 진 빚을 갚으라는 폭군에게서 풀려났다. 당신은 자유다. 그 자유를 누리며 살아가라. 그 자유로 다른 사람들을 사랑하라. 많이 용서받았으니 다른 사람을 용서하라.

실패자들을 위한 자유와 용서가 있다. 당신에게 주시는 예수님의 말씀을 들어 보라. "네 죄 사함을 받았느니라. 네 믿음이 너를 구원하였으니 평안히 가라."

# 07

## 두려워하는 자와 함께하신 예수님

> 그는 두려움이 무엇인지 알았다. 두피가 서늘해지고, 입이 바싹 마르고, 한밤중에 문 두드리는 소리. 하지만 그는 두려움이 끝이 아님도 알았다. 두려움은 끝에서 두 번째였다. 끝은 희망이었다. _ 프레드릭 비크너

> 너희에게는 심지어 머리털까지도 다 세신 바 되었나니 두려워하지 말라 너희는 많은 참새보다 더 귀하니라 _ 눅 12:7

대부분의 감정이 그렇듯이, 두려움은 도움이 될 수도 있고 해로울 수도 있다. 두려움은 위험이 가까이 있다는 표지가 되어 우리가 위험한 상황을 벗어나도록 추동한다. 두려움은 좋은 것일 수 있다. 한편 두려움은 상황을 과장할 수 있다. 위험이 우리가 생각하는 만큼 크지 않은데도 위험이 실재한다고 생각하게 만들 수 있다. 두려움은 거짓말쟁이일 수 있다. 자신의 두려움을 이해

하고 그것에 적절하게 반응하도록 도울 지혜가 필요하다.

예수님을 따르던 사람들, 예수님이 뽑은 제자들과 그분의 가르침 속에서 진리와 지혜와 권위를 발견한 많은 사람도 우리처럼 두려움이 있었다. 현실과 맞지 않는 두려움도 있었지만, 어떤 두려움은 그들을 둘러싼 사회적, 정치적, 대인 관계적 위험에서 비롯되었다. 그래서 지혜 자체이신 예수님은 그들의 두려움을 끄집어내어 말로 드러내셨다. 지혜로운 우리 구원자의 가르침은 두려움을 이해하고 그것에 반응하도록 우리를 돕는다.

예수님의 가르침은 두려움에 대한 사람들의 인식을 변화시켰다. 또한 무엇을 정말 두려워해야 하는지도 알려 주었다.

> 내가 내 친구 너희에게 말하노니 몸을 죽이고 그 후에는 능히 더 못하는 자들을 두려워하지 말라 마땅히 두려워할 자를 내가 너희에게 보이리니 곧 죽인 후에 또한 지옥에 던져 넣는 권세 있는 그를 두려워하라 내가 참으로 너희에게 이르노니 그를 두려워하라 참새 다섯 마리가 두 앗사리온에 팔리는 것이 아니냐 그러나 하나님 앞에는 그 하나도 잊어버리시는 바 되지 아니하는도다 너희에게는 심지어 머리털까지도 다 세신 바 되었나니 두려워하지 말라 너희는 많은 참새보다 더 귀하니라 (눅 12:4-7)

예수님은 당시 종교 지도자들 앞에서 어려움을 당하던 제자들에게 말씀하신다. 누가는 바로 앞 본문에서 예수님이 종교 지도자들에게 하셨던 강한 질책의 말을 전했다(눅 11:37-52). 예수님은 바리새인들에게 "화 있을진저"라고 강하게 못 박으시며 그들이 권력을 사랑하는 방식을 혐오하신다는 것을 확실히 표현하셨다. 사람들을 사랑으로 이끄는 대신 자신들이 부가한 모든 규칙을 지키라고 강요하는 시스템을 예수님은 거부하셨다. 예수님은 결코 말을 돌려서 하는 분이 아니었기에 권력자들에게도 직설하셨다.

이런 접근은 우리 본성과 정말 어긋나지 않은가? 우리는 본래 권력을 가진 자들의 호의를 바란다. 권력자들과 친해지기를 원한다. 그러면 안전함을 느끼고 권력의 맛을 볼 수 있기 때문이다. 예수님의 길은 권력의 길을 거부한다. 예수님은 언제나 연약한 자들, 취약한 자들과 동일시하셨다. 예수님에게는 종교 지도자들의 비위를 맞출 시간도, 그럴 욕망도 없으셨다.

예수님은 권력보다 진리를 귀하게 여기셨다. 예수님은 또한 그분의 우선순위가 자신과 제자들을 위험에 빠뜨릴 수 있다는 것을 아셨다. 누가복음은 문제가 어떻게 시작되었는지 보여 준다. "거기서 나오실 때에 서기관과 바리새인들이 거세게 달려들어 여러 가지 일을 따져 묻고 그 입에서 나오는 말을 책잡고자 하여 노리고 있더라"(눅 11:53-54). 당시 종교 지도자들은 벌써 예수님을 잡으려고 했다. 시간은 그리 오래 걸리지 않았다.

예수님은 자신을 따르던 자들에게 종교 지도자들의 위선을 피하라고 공공연히 가르치셨다. 바리새인들이 실제로는 다른 사람에게 상처를 주고 자신들의 지위와 명성만 고수하면서 겉으로는 영적이고 거룩한 체하는 것을 지적하셨다. 예수님은 매우 분명하게 말씀하신다.

> 그 동안에 무리 수만 명이 모여 서로 밟힐 만큼 되었더니 예수께서 먼저 제자들에게 말씀하여 이르시되 바리새인들의 누룩 곧 외식을 주의하라 감추인 것이 드러나지 않을 것이 없고 숨긴 것이 알려지지 않을 것이 없나니 이러므로 너희가 어두운 데서 말한 모든 것이 광명한 데서 들리고 너희가 골방에서 귀에 대고 말한 것이 지붕 위에서 전파되리라(눅 12:1-3)

예수님은 제자들에게 그리고 우리에게 우리가 비밀이라고 생각한 모든 것, 모든 동기, 모든 생각이 언젠가 하나님 앞에 그대로 드러날 거라고 상기시키신다.

예수님은 제자들이 세상 지도자들이 그들에게 할 수 있는 어떤 일을 두려워하기보다 하나님을 더 두려워하고 경외하는 모습을 보이기를 원하신다. 예수님은 제자들에게 두려워하지 말라고 하면서 이렇게 말씀하신다. "불의에 대항하여 말하는 것을 두려워하지 마라. 권력에 대항해서 말하는 것을 두려워하지 마라. 있는 그대로 말하는 것을 두려워하지 마라." 하지만 예수님에게는 그들이 두려워하지 말아야 할 또 다른 이유가 있었다. 그래서 "상처받을까 봐 두려워하지 마라" 혹은 "나쁜 일이 생길까 봐 두려워하지 마라"라고 말씀하시지 않은 것이다. 예수님은 자신의 가르침이 제자들을 위험에 빠뜨릴 것을 이미 아셨다. 예수님은 자신이 위선자라고 부른 사람들이 그들이 아는 가장 영구적인 방법으로 자신의 입을 다물게 할 것을 아셨다. 그분을 죽이는 것이다. 그래도 예수님은 제자들에게 말씀하신다. "두려워하지 마라."

### 내 친구

예수님은 제자들을 "내 친구"라고 부르기 시작하신다. 예수님은 그들에게 어렵지만 위로를 주는 가르침을 주시면서 이 단어를 사용하시는데, 이 애정 어린 호칭 뒤에 담긴 감정이 느껴지는가? 누가복음에서 예수님이 제자들을 '친구'라고 부른 것은 여기가 처음이다. 누가복음을 주석한 한 주석가는 이렇게 말한다. "고대적 사고에 의하면, 친구와는 모든 것을 공유한다. 이 본문에서 유추할 수 있는 공통점은 같은 적, 그들 자신을 위한 하나님의 목적을 거부한 사람들 손에 놓일 같은 운명, 같은 앎일 것이다."[1] 예수님은 자신과 제자들 앞에 놓인 운명을 알고 계셨다. 쉬운 길이 아니었다. 예수님의 말씀을 듣던 12명 중 11명은 언젠가 순교하거나 죽을 때까지 큰 고통을 당할 것이다. 예외인 유다는 예수님이 책망하셨던 권력 있는 지도자들 편에 서기로 결정했다. 유다의 운명은 다른 제자들의 운명보다 훨씬 끔찍했다. 그는 홀로 후회로 가득 차서 스스로 목매달아 죽고 말았다(마 27:1-10).

예수님은 제자들을 친구라고 부르시면서 그들을 향한 진정 어린 사랑을 분명히 보여 주셨다. 스승이 제자에게 가질 수 있는 애정보다 훨씬 큰 사랑으로 예수님은 그들과 동질감을 느끼셨다. 예수님은 제자들이 자신을 따르기로 결심한 것이 쉬운 결정이 아님을 아셨기에 그들을 친구로서 사랑하셨다. 그분은 당신도 친구로서 사랑하신다. 그분은 우리가 뒤집힌 하나님 나라를 위해 일어설 때 치러야 할 대가를 아신다. 그분은 권력에 맞설 때 오는 위험을 아신다.

### 누구를 두려워할 것인가?

예수님은 제자 친구들이 직면한 위험을 축소하지 않으신다. 예수님은 그들이 맞서고 있는 지도자들이 '몸을 죽인다'는 것을 아신다. 하지만 예수님은 그들에게 더 큰 실재, 더 큰 힘을 알게 하신다. "마땅히 두려워할 자를 내가 너희에게 보이리니 곧 죽인 후에 또한 지옥에 던져 넣는 권세 있는 그를 두려워하라 내가 참으로 너희에게 이르노니 그를 두려워하라"(눅 12:5). 그렇다. 그들은 눈에 보이는 위험을 알고 있었지만, 예수님은 더 큰 그림, 더 큰 실재를 가리키신다.

물론 예수님 안에서 그들은 화해되었고 용서받았고 하나님과 평화하게 되었다. 그래서 그들은 마땅히 두려워해야 할 그분 손 안에서 실제로는 안전하게 되었다. "생명이 위태로운 적대적인 상황에서 우리는 마땅히 하나님을 두려워해야 하지만 하나님의 성품은 우리가 그분을 두려워할 필요가 없음을 알려 준다고 예수님은 주장하신다."[2] 예수님은 자신이 사랑하는 친구들이 바로 눈앞에 보이는 현실보다 더 큰 것을 보기를 원하신다. 당신은 예수님의 사랑하는 친구로서 하나님을 두려워할 수 있고 당신이 하나님께 무한한 가치가 있음을 알 수 있다. 왜냐하면 그분은 예수님의 생명을 희생하여 당신을 보호하셨기 때문이다.

## 새와 머리카락

예수님은 친구들이, 하나님이 그들을 얼마나 신경 쓰시는지 확실히 알게 하신다. "참새 다섯 마리가 두 앗사리온에 팔리는 것이 아니냐 그러나 하나님 앞에는 그 하나도 잊어버리시는 바 되지 아니하는도다 너희에게는 심지어 머리털까지도 다 세신 바 되었나니 두려워하지 말라 너희는 많은 참새보다 더 귀하니라"(눅 12:6-7).

코로나 기간 동안 새 한 쌍을 키우게 되었다. 앵무새 네 마리를 키우던 친구가 앵무새 두 쌍은 너무 많다고 생각했다. 그래서 내게 키우겠느냐고 물었을 때 나답지 않은 결정을 했다(팬데믹 기간이라 집에 머물렀기 때문이다!). 나는 그러겠다고 했다. 그래서 내게는 지금 새 두 마리가 있다. 한 마리는 녹색이고 한 마리는 파란색인데 하루 종일 새장에서 짹짹거린다. 지금도 거실에서 짹짹 소리가 들린다. 참새 부분을 읽다 보니 하나님이 내 작은 새들도 잊지 않으셨다는 사실이 상기된다. 하나님은 내 작은 친구들(독창적이지 못하게도 이름이 초록이, 파랑이다)을 알고 계신다. 그들이 새장을 날아다니고 내가 사 준 장난감을 가지고 놀고 아름다운 소리를(가끔은 짜증나는 소리도) 낼 때 내게 즐거움을 준다. 당연히 나는 그들을 좋아한다. 하지만 상상해 보라! 하나님이 내 작은 새들을 아실 뿐 아니라 모든 피조물을 아신다니! 이 사실은 내 이해를 넘어선다.

  예수님은 아버지에 대한 이 크신 사랑과 이해를 바탕으로 설득력 있게 주장하시며 기본적으로 이렇게 말씀하신 것이다. "하나님이 당신의 피조물 중에서 이 작은 새들도 아끼신다면 너희는 얼마나 더 아끼시겠느냐? 너희는 모든 피조물 중에서 최고의 보석이다. 그분이 너희를 아끼신다는 것을 믿어라." 두려울 때면 우리는 하나님이 우리를 잊으셨거나 보지 않으신다고 느낀다. 당신은 잊히지 않았다. 새를 볼 때마다 주님의 세심한 보살핌에 대한 그 아름다운 진리를 기억하라.

  예수님은 거기서 더 나아가 하나님이 그들을 보고 계실 뿐 아니라 한 사람 한 사람 아주 세밀히 아신다고 제자들에게 말씀하신다. "너희에게는 심지어 머리털까지도 다 세신 바 되었나니 두려워하지 말라 너희는 많은 참새보다 더 귀하니라"(눅 12:7). 리처드 렌스키는 예수님이 왜 참새나 머리카락 같은 별로 중요하지 않은 예를 사용하셨는지 이렇게 설명한다.

참새들은 우리 머리 위를 날아다니고, 머리카락은 우리 몸의 일부이고 지극히 작으며 하나하나를 놓고 보면 전혀 중요하지 않다. 인간 머리에는 약 14만 개의 머리카락이 있다. 예수님은 이

머리카락 하나하나를 세실 뿐 아니라 각각 개별 번호를 붙여 구별하여 아신다. 그래서 머리카락 하나가 떨어지면 하나님은 어떤 머리카락이 떨어졌는지 아신다(눅 21:18; 행 27:34). 이 두 가지 예는 하나님의 섭리적인 보살핌의 범위가 얼마나 광대한지를 보여 준다. 우리 눈에 보이는 대상이 작을수록, 가치가 작을수록 하나님의 자녀를 언급할 때 논증의 힘은 더 커진다.[3]

당신은 알려져 있다. 하나님이 당신 머리의 머리카락을 아시는 것만큼 당신을 세밀하게 아신다. 머리카락 한 올이 옷이나 베개 위에 떨어진 것을 보면 하나님도 그것을 보고 계신다는 사실을 기억하라. 하나님은 그 머리카락도 세신다. 그분은 그 정도로 당신의 몸과 영혼을 헌신적으로 돌보신다.

두려워하는 이여, 하나님이 당신을 보고 계신다. 저 멀리 떨어져서 무관심하게 보시는 것이 아니다. 그분은 당신을 보시고 당신을 돌보신다. 그분은 당신을 귀하게 여기신다. 예수님은 당신이 처해 있을지 모를 위험을 폄하하지 않으시고 오히려 진짜 현실, 즉 당신이 사랑받고 있고, 예수님이 하신 일로 인해 당신의 영혼이 구원받았다는 현실을 보게 하신다. 두려울 때 예수님이 당신을 친구라고 부르시는 소리를 들으라. 새를 찾으라. 머리카락을 찾으라. 그분이 당신의 분투를 아시고 그 분투 속에서 당신 곁에 서 계심을 보여 주는 일상의 방법들을 찾으라. 당신의 구세주는 물리적인 위험을 모르시는 분이 아니다. 당신의 구세주는 자신은 하지 않으면서 당신에게도 뭔가를 하라고 하시는 분이 아니다. 당신의 구세주는 종교적 엘리트들에게 진실을 말하고 그 대가가 무엇인지를 아셨던 분이다. 그분이 당신과 함께 대가를 치르신다. 새들을 기억하라.

## 08

## 잊힌 자와 함께하신 예수님

이 세상의 치명적인 깨어짐 속에서도 은혜가 우리 모두를
놀라게 할 것은 늘 계획되어 있었다. _ 알리아 조이

내가 진실로 너희에게 이르노니
너희가 여기 내 형제 중에 지극히 작은 자 하나에게 한 것이
곧 내게 한 것이니라 _ 마 25:40

투명 인간 취급받는다는 느낌을 가져 본 적이 있는가? 모임의 주변부로 밀려나 있을 수 있다. 당신에게 말을 거는 사람이 한 사람도 없을 수 있다. 다른 직원들의 성과는 주목을 받는데 당신은 승진에서 밀렸을 수 있다. 다른 형제자매나 가장 친한 친구가 너무 잘나가는 바람에 당신은 그늘에 가려 있을 수 있다. 완전히 잊힌 존재는 아니더라도 이렇게 주변으로 밀려난 느낌을 누구나 받

아 본 적이 있을 것이다.

복음서를 읽다 보면 예수님이 소외된 사람들을 두둔하는 경향이 있으시다는 것을 알게 된다. 예수님은 어린이가 오는 것을 허용하라고 제자들에게 지시하셨다. 그분에게는 늘 아픈 자, 연약한 자, 귀신 들린 자, 장애인이 몰려들었다. 그분은 여성을 소중히 여기고 그들의 친구가 되어 주셨다. 그분은 매춘부, 세리, 이 밖에 다른 '죄인들'과 친하게 지내서 지역 종교 기관에 충격을 주었다. 확실히 예수님은 우리 인간이 본성적으로 하는 방식과는 다른 방식으로 주변 사람들을 바라보셨다.

우리는 아마 눈을 뜨고는 있을 것이다. 하지만 정말로 사람들을 볼 수 있을까? C. S. 루이스는 우리가 만나는 사람들에 대해, 그들이 정말로 누구인지에 대해 이렇게 썼다.

신과 여신이 있을 수 있는 사회에서 산다는 것은 진지한 일입니다. 대화하기에 가장 따분하고 재미없는 사람이라도 언젠가는, 지금 당신이 본다면 숭배하고 싶은 강한 유혹을 받을 존재가 되거나, 아니면 악몽에서나 만날 최악의 공포스럽고 타락한 존재가 될 수 있다는 것을 기억하는 것은 진지한 일입니다. 우리는 하루 종일 이런 운명의 사람이 되도록 어느 정도 서로를 돕고 있는지도 모릅니다. 이렇게 될 압도적인 가능성에 비추어, 그에 걸맞은 경외심과 신중함을 가지고, 우리는 서로 거래하고 우정을 쌓고 사랑하고 놀고 정치를 수행해야 합니다. 평범한 사람은 없습니다. 당신은 그저 필멸할 사람과 대화해 본 적이 없습니다. 나라, 문화, 예술, 문명, 이런 것은 필멸하고 그 생명은 우리에게 각다귀의 생명과 같습니다. 하지만 우리가 농담하고 함께 일하고 결혼하고 모욕하고 착취하는 대상은 불멸의 존재, 불멸의 공포 또는 영원한 광채입니다.[1]

여기서 루이스가 말하고자 하는 바는 우리가 진밀로 사람들을 본다면, 진심으로 그들을 하나님 형상을 닮은 자, 즉 영광스럽게 되어 주님과 함께 있든 혹은 하나님과 영원히 분리되어 있든 영원을 보낼 불멸의 존재로 본다면, 그들을 다르게 대하리라는 것이다. 사람들의 진가를 바로 본다면, 그들이 너무나 영광스럽게 하나님을 대변하는 것을 보고 그들에게 엎드려 경배하고 싶은 유혹을 받을 것이다. 하지만 우리는 거리를 걸으며 옆 사람을 쳐다보지도 않고 지나치거나, 자녀가 계속해서 6번을 불러도 무시하기 쉽다. 우리는 너무나 쉽게 주변 사람들을 범주화하고 타자화해 그들을 생각하거나 배려하며 그들의 의견을 존중할 필요가 없게 만든다.

우리 인간은 다른 사람들을 무시하거나 못 본 척하는 것에 정말 능숙하다! 그러니 많은 사람이 잊힌 기분을 느낀다.

예수님은 더 나은 길을 살아 내셨고 가르치셨다. 우리가 무시해도 된다고 생각하는 사람들을 예수님은 어떻게 대하셨나? 예수님은 다른 사람들을 어떻게 보셨나? 마태복음 25장은 예수님이 우리를 대하시듯 소외된 자들을 대하시는 모습을 보여 준다. 우리 자신이 종종 잊힌 존재, 무시받거나 열외 취급받는 존재라는 것을 알게 될 때, 자신을 '타자'로 보게 될 때 우리는 변화할 것이다. 우리 마음이 자랄 것이고 우리 눈이 열려 매일 우리 옆을 지나가는 '타자'들을 보게 될 것이다.

### 양과 염소 비유

예수님은 진리를 보여 주기 위해 비유로 말씀하시는 데 매우 능하셨다. 마태복음에는 예수님이 말씀하신 비유가 특히 많이 나온다. 예수님은 이 비유를 마지막 때나 마지막 심판을 가리키는 여러 세트 중 하나로 말씀하셨다. 이 대화는 예수님의 생애가 끝나갈 무렵에 한 것이다. 그래서 그분의 어조에서 가르침의 사역을 마무리 지으려는 긴박함이 느껴진다. 예수님은 제자들이 하나님이 그들에게 요구하시는 것에 놀라지 않기를 원하신다. 제자들이 그리스도를 따른다는 것의 의미를 온전히 알기를 원하신다. 그래서 예수님은 자신의 재림에 관한 이야기를 들려주신다.

인자가 자기 영광으로 모든 천사와 함께 올 때에 자기 영광의 보좌에 앉으리니 모든 민족을 그 앞에 모으고 각각 구분하기를 목자가 양과 염소를 구분하는 것 같이 하여 양은 그 오른편에 염소는 왼편에 두리라 그 때에 임금이 그 오른편에 있는 자들에게 이르시되 내 아버지께 복 받을 자들이여 나아와 창세로부터 너희를 위하여 예비된 나라를 상속받으라 내가 주릴 때에 너희가 먹을 것을 주었고 목마를 때에 마시게 하였고 나그네 되었을 때에 영접하였고 헐벗었을 때에 옷을 입혔고 병들었을 때에 돌보았고 옥에 갇혔을 때에 와서 보았느니라 이에 의인들이 대답하여 이르되 주여 우리가 어느 때에 주께서 주리신 것을 보고 음식을 대접하였으며 목마르신 것을 보고 마시게 하였나이까 어느 때에 나그네 되신 것을 보고 영접하였으며 헐벗으신 것을 보고 옷 입혔나이까 어느 때에 병드신 것이나 옥에 갇히신 것을 보고 가서 뵈었나이까 하리니 임금이 대답하여 이르시되 내가 진실로 너희에게 이르노니 너희가 여기 내 형제 중에 지극히 작은 자 하나에게 한 것이 곧 내게 한 것이니라 하시고 또 왼편에 있는 자들에게 이르시되 저주를 받은 자들아 나를 떠나 마귀와 그 사자들을 위하여 예비된 영원한 불에 들어가라 내가 주릴 때에 너희가 먹을 것을 주지 아니하였고 목마를 때에 마시게 하지 아니하였고 나그네 되었을 때에 영접하지 아니하였고 헐벗었을 때에 옷 입히지 아니하였고 병들었을 때와 옥에 갇혔을 때에 돌보지 아니하였느니라 하시니 그들도 대답하여 이르되 주여 우리가 어느 때에 주께서 주리신 것이나 목마르신 것이나 나그네 되신 것이나 헐벗으신 것이나 병드신 것이나 옥에 갇히신 것을 보고 공양하지 아니하더이까 이에 임금이 대답하여 이르시되 내가 진실로 너희에게 이르노니 이 지극히 작은 자 하나에게 하지 아니한 것이 곧 내게 하지 아니한 것이니라 하시리니 그들은 영벌에, 의인들은 영생에 들어가리라 하시니라(마 25:31-46)

예수님은 천사와 영광스런 보좌와 그 영광 앞에 모인 수많은 민족이 포함된 놀라운 그림을 보여 주시며 말씀을 시작하신다. 그런데 이야기에 반전이 일어난다. 예수님은 모든 사람을 두 그룹, 양과 염소로 나누기 시작하신다. 양은 예수님께 속한 사람들, 그리스도를 믿고 하나님 자녀가 된 사람들이다. 예수님은 자신의 가족을 그 나라, 영원 전부터 그들을 위해 준비된 영원한 영광으로 초대하신다.

### 잊힌 자 예수

예수님의 이야기에서 영광스러운 임금인 인자는 너무나 놀라운 말을 한다. "내가 주릴 때에 너희가 먹을 것을 주었고 목마를 때에 마시게 하였고 나그네 되었을 때에 영접하였고 헐벗었을 때에 옷을 입혔고 병들었을 때에 돌보았고 옥에 갇혔을 때에 와서 보았느니라(마 25:35-36).

예수님이 말씀하신 이 목록은 인간의 필요가 충족되어야 한다는 점에서 볼 때 놀랍다. 실제로 인간 실존을 위해 가장 필요한 것들이 총망라되어 있다.

처음 두 가지인 배고픔과 목마름은 짝을 이루는 자연적인 필요(기본적인 내적 신체적 필요)다. 그리고 마지막 두 가지인 몸이 아픈 것과 옥에 갇힌 것은 물리적인 고립이라는 관점에서 공통점이 있다. 중간의 두 가지인 음식 대접과 옷을 입히는 것은 환경으로부터의 보호라는 공통점이 있다. 첫 번째, 두 번째, 네 번째 항목은 기본적인 생존을 위한 필요와 관련이 있고, 세 번째, 다섯 번째, 여섯 번째 항목은 이런저런 방식으로 고립되는 위협을 가하는 것들을 다룬다.[2]

마지막 항목인 "옥에 갇혔을 때에 와서 보았느니라"는 누군가 갇혀 있을 때 그저 찾아갔다는 의미로 해석해서는 안 된다. 당시 문화에서 감옥은 머물 장소만 제공했다. 감옥에 갇힌 사람은 음식과 돌봄을 받으려면 친구나 가족의 관대함에 의지해야만 했다. 방문객이 없으면 죄수는 굶어 죽을 수밖에 없었다.

영광스러운 임금은 의인들이 살면서 베푼 세속적인 친절, 즉 누군가를 먹이고 입히고 아픈 자를 돌보고 옥에 갇힌 자를 방문한 것을 칭찬하신다. 이런 행동 중 어떤 것도 산을 옮길 만한 엄청난 믿음이 필요하지 않다. 한 주석가는 이렇게 말한다. "여기서 거대한 기적은 일어나지 않는다. 작은 섬김들이 있을 뿐이다."[3] 이런 행동은 평범하지만 꼭 필요한 것이었다는 점에서 예수님이 인간이 된다는 것의 의미를 아셨다는 분명한 증거가 된다. 예수님은 인간이 된다는 것이 무엇인지 아셨다. 예수님은 배고프고 목마르고 춥고 외롭고 아픈 것이 어떤 것인지 아셨다. 예수님은 이런 행동이 평범하지만 꼭 필요한 것임을 아셨다. "루터는 어디선가 이 구절을 풀이하면서 모든 가정은 작은 병원으로, 사랑하는 부모가 이 구절에 나오는 행동들을 자녀와 배우자와 확대 가족에게 행하는 곳이라고 말한다."[4] 이런 사랑의 행위는 우리가 매일 주변 사람들에게 행할 수 있는 것이다.

예수님의 양들, 그분께 속한 사람들은 날마다 혹은 정기적으로 하나님을 경외하는 마음으로 사랑을 실천했다. "음식과 음료를 준 사람들(경제 사역), 옷과 쉴 곳을 제공한 사람들(사회 사역), 아프고 소외된 사람들을 방문한 사람들(방문 사역) 속에서 예수님이 가장 사랑하시는 사람들의 모습을 보게 된다."[5]

반면, 의로운 자들(양들)은 인자의 이러한 주장에 깜짝 놀란다. 정확히 언제 그들이 자신들의 왕을 만나 그분을 섬겼는지 알아내려고 기억을 쥐어짜는 모습이 상상이 가는가? 마침내 그들은 스스로 결론을 내리고 이렇게 말한다. "주님, 우리가 언제, 주님께서 주리신 것을 보고 잡수실 것을 드리고, 목마르신 것을 보고 마실 것을 드리고, 나그네 되신 것을 보고 영접하고, 헐벗으신 것을 보고 입을 것을 드리고, 언제 병드시거나 감옥에 갇히신 것을 보고 찾아갔습니까?"(마 25:37-39, 새번역성경) 그들은 각자 나름대로 이렇게 생각한 것이다. '내가 왕을 먹이고 입혔다면 당연히 기억

하겠지!'

　여기가 바로 예수님이 잊힌 자들을 어떻게 대하시는지 알 수 있는 대목이다. 그분은 그들과 그저 소통만 하시는 것이 아니라 그들과 자신을 동일시하신다. "임금이 그들에게 말하기를 '내가 진정으로 너희에게 말한다. 너희가 여기 내 형제자매 가운데, 지극히 보잘 것 없는 사람 하나에게 한 것이 곧 내게 한 것이다' 할 것이다."(마 25:40, 새번역성경) 예수님은 이 비유에서 자신을 친절하고 의로운 행위를 한 사람이라고 말씀하지 않으신다. 그분은 자신을 배고픈 자, 목마른 자, 집 없는 자, 아픈 자, 옥에 갇힌 자와 동일시하신다! 예수님은 아신다. 예수님은 사람이 느끼는 결핍과 무시와 외로움이 어떤 것인지 아신다.

　이 비유는 영광 중에 계신 하나님의 아들에 대한 묘사로 시작되었다. "인자가 자기 영광으로 모든 천사와 함께 올 때에 자기 영광의 보좌에 앉으리니 모든 민족을 그 앞에 모으고"(마 25:31-32). 그 영광스러운 왕이신 예수님, 모든 민족 앞에서 보좌에 앉으신 분이 결핍을 느끼고 잊힌 자들과 자신을 동일시하신다. 너무나 놀랍고 아름답고 겸손한 사랑을 보여 주신다! 예수님은 이 땅에서 전 인생을 그렇게 사셨다. 그분은 자신을 낮추기로 선택하셨다. 그분은 성육신하신 하나님으로서 예전에 가졌던 모든 것을 포기하기로 선택하셨다. 오히려 결핍이 있는 인간이 되기로 선택하셨다.

우리는 자신이 섬기는 사람이 얼마나 '가치' 있는 사람이냐에 섬김의 가치를 두려는 경향이 있다. 아이에게 마실 것을 주는 행위는 내가 하는 일 중 하나다. 하지만 내가 중요하게 여기는 사람에게 마실 것을 준다면 같은 행위도 훨씬 더 의미 있어 보인다. 예수님은 우리의 생각을 완전히 뒤집어 놓으신다. 아이를 위해 주스 상자에 구멍을 뚫어 주는 것은 대통령에게 물 한 잔을 건네는 것만큼 중요하다고 우리에게 가르치신다. 예수님은 대통령보다 어린아이와 자신을 동일시하시며 이렇게 말씀하신다. "지극히 작은 자 하나에게 한 것이 곧 내게 한 것이니라." 이것을 보며 하나님 나라는 얼마나 다른 나라인지, 그 아름다움에 경외를 느낄 뿐 아니라 우리가 매일 하는 평범한 일이 얼마나 가치 있는 일인지도 볼 줄 알아야 한다.

잊힌 이여, 당신은 결코 잊힌 것이 아니다. 당신의 구세주는 그저 당신을 알고 당신의 필요를 아는 분이 아니다. 당신의 구세주는 당신 옆에 서서 이렇게 말씀하시는 분이다. "그녀가 나다. 내가 그다." 그분은 무시당하거나 하찮게 여겨지는 사람들과 동일시하는 것을 전혀 개의치 않으신다. 사실 예수님이 이사야 53장

2-3절에서 어떻게 묘사되어 있는지 보라. "그는 주 앞에서 자라나기를 연한 순 같고 마른 땅에서 나온 뿌리 같아서 고운 모양도 없고 풍채도 없은즉 우리가 보기에 흠모할 만한 아름다운 것이 없도다 그는 멸시를 받아 사람들에게 버림 받았으며 간고를 많이 겪었으며 질고를 아는 자라 마치 사람들이 그에게서 얼굴을 가리는 것 같이 멸시를 당하였고 우리도 그를 귀히 여기지 아니하였도다." 하늘의 영광스러운 임금이신 예수님은 가치 없다 여겨지셨고 외면당하셨고 고통과 질병을 아셨다. 그분의 외모는 전혀 흠모할 것이 없었다.

인간적인 관점에서 볼 때, 예수님은 잊힐 수 있는 분이었다. 하지만 그렇지 않으셨다! 당신도 잊히지 않는다. 우리가 매일 지나치는 사람들도 마찬가지다. 예수님은 가장 연약한 자, 가장 잊히기 쉬운 자들과 자신을 동일시하신다. 우리 자신을 비롯해 주변의 모든 사람 안에 담긴 가치를 볼 수 있는 눈을 갖길 바란다.

# 09

## 위험에 처한 자와 함께하신 예수님

> 예수께서 일어나사 여자 외에 아무도 없는 것을 보시고 이르시되
> 여자여 너를 고발하던 그들이 어디 있느냐 너를 정죄한 자가 없느냐
> 대답하되 주여 없나이다 예수께서 이르시되 나도 너를 정죄하지 아니하노니
> 가서 다시는 죄를 범하지 말라 하시니라 _ 요 8:10-11

진짜 위험을 경험하는 것이 무엇인지를 아는지 여부는 아마도 당신의 사회경제적 지위나 출생지, 민족에 달려 있을 수 있다. 우리 중 어떤 이들에게 '위험'은 과자를 먹으면서 큰 스크린을 통해 보는 것일 수 있다. 또 어떤 이들에게 위험은 문밖을 나서는 순간부터, 혹은 문안을 들어서는 순간부터 늘 맞닥뜨리는 것일 수 있다. 연이은 어려움으로 악화되는 삶이 있다. 분명한 것은 우리 모

두 살면서 한두 번은 위험한 순간을 만난다는 것이다. 때로는 우리가 잘못한 것이 없는데도 어려움을 겪고, 때로는 우리가 형편없는 결정을 하는 바람에 어려움에 직면한다.

예수님도 공생애 사역 기간에 실제 위험을 경험하셨다는 것을 이미 살펴보았다. 요한복음은 예수님이 목숨이 위태로운 한 여인을 구하기 위해 개입하신 일을 보여 준다.

> 아침에 다시 성전으로 들어오시니 백성이 다 나아오는지라 앉으사 그들을 가르치시더니 서기관들과 바리새인들이 음행중에 잡힌 여자를 끌고 와서 가운데 세우고 예수께 말하되 선생이여 이 여자가 간음하다가 현장에서 잡혔나이다 모세는 율법에 이러한 여자를 돌로 치라 명하였거니와 선생은 어떻게 말하겠나이까 그들이 이렇게 말함은 고발할 조건을 얻고자 하여 예수를 시험함이러라 예수께서 몸을 굽히사 손가락으로 땅에 쓰시니 그들이 묻기를 마지 아니하는지라 이에 일어나 이르시되 너희 중에 죄 없는 자가 먼저 돌로 치라 하시고 다시 몸을 굽혀 손가락으로 땅에 쓰시니 그들이 이 말씀을 듣고 양심에 가책을 느껴 어른으로 시작하여 젊은이까지 하나씩 하나씩 나가고 오직 예수와 그 가운데 섰는 여자만 남았더라 예수께서 일어나사 여자 외에 아무도 없는

것을 보시고 이르시되 여자여 너를 고발하던 그들이 어디 있느냐 너를 정죄한 자가 없느냐 대답하되 주여 없나이다 예수께서 이르시되 나도 너를 정죄하지 아니하노니 가서 다시는 죄를 범하지 말라 하시니라(요 8:2-11)

### 함정

바리새인들이 다시 한번 예수님을 함정에 빠뜨릴 방법을 찾아 나섰다. 이것은 그들이 예수님을 대할 때마다 거의 늘 사용하던 재미있는 작은 게임이었다. 그들은 예수님의 신용을 깎아내리고 싶어 했다. 사람들이 예수님을 사기꾼으로 보게 하려고 했다. 예수님의 지혜를 폄훼하려고 했다. 그들은 지혜 그 자체이신 분과 맞서면 결코 승자가 될 수 없다는 사실을 거듭 깨달았다.

착각하지 말아야 한다. 바리새인들이 이 여인을 예수님께 데리고 온 것은 그 여자의 죄를 신경 쓰거나 그 여자의 영혼을 걱정해서가 아니었다. 그들이 정말로 율법과 그 요구 사항을 신경 썼다면 그 여자와 함께 현장에 있던 남자도 데려왔을 것이다. 하지만 그들은 남자는 내버려두고 여자만 데려왔다. 그들은 여자가 그들이 쳐 놓을 덫에 쓸모가 있다고 생각했다. 그 여자의 인생이나 영혼은 그들에게 아무 의미가 없었다. 이 종교 지도자들은 예수님이 자비를 베푸신다는 평판을 들어 알고 있었다. 또한 간음에 대한 벌은 죽음이라는 것도 알고 있었다. 그들은 예수님을 승산이 없는 상황에 놓음으로써 이러지도 저러지도 못하게 만들려고 했다. 주석가 게리 버지는 이렇게 말한다.

이 이야기는 그 여인의 영혼을 돌봐야 할 책임을 소홀히 한 무자비한 심판관들의 모습을 신랄하게 보여 준다. 그 여인은 이용당하고 있었다. 그들의 목적은 예수님을 궁지에 몰아넣는 것이었다. 그 여인의 인생은 예수님이 그녀를 비난하게 하거나(그래서 예수님의 자비를 희생시키거나) 용서하게 하려는(그래서 하나님의 율법에 대한 예수님의 헌신을 희생시키려는) 그들의 신학적 책략의 도구였다.[1]

예수님은 무엇을 하실까?

### 현장

당시 상황을 잠시 그려 보라. 성경에서 이 이야기를 여러 번 읽다 보면 이것이 실제 사람과 실제 상황이었다는 점을 잊기 쉽다.

지금 당신이 예루살렘에 있다고 생각해 보라. 성전으로 가 보라. 예수님이 들어오시고 가르치기 위해 앉는 모습을 상상해 보라. 예수님 주변에 무리가 둘러앉아 있다. 그분이 무슨 말씀을 하실까 기대하는 모습들을 상상해 보라.

바로 그때 바리새인들이 한 여인을 데리고 들어와 모임을 방해한다. 성경은 그들이 여인을 '가운데 세웠다'고 꼭 집어 말한다. 그들은 여인의 수치심을 극대화하려 했다. 그곳에 있던 모든 사람이 지금 일어나는 일을 보고 듣기를 원했다. 그들은 예수님을 자신들이 원하는 상황으로 끌고 들어왔다고 확신했다. 그들은 함정을 팠다. "이 여자가 간음하다가 현장에서 잡혔나이다 모세는 율법에 이러한 여자를 돌로 치라 명하였거니와 선생은 어떻게 말하겠나이까?"

이 사람들은 율법을 잘못 인용하고 있다. 에덴동산에서 고소자 뱀도 이와 똑같은 방법을 썼다. 창세기 3장은 하나님이 어떻게 아담과 하와에게 선악을 알게 하는 나무의 열매를 먹지 말라고 말씀하셨는지 기록하고 있는데, 뱀은 하나님의 명령을 "선악을 알게 하는 나무의 열매를 먹지도 말고 만지지도 말라"고 바꿔 버린다. 음행하다 잡힌 여인을 고발한 자들도 이렇게 말한다. "모세는 율법에 이러한 여자를 돌로 치라 명하였거니와." 사실 모세가 명한 것은 남자와 여자 둘 다 죽이라는 것이었다.

이 사람들은 율법을 여인을 죽이는 데 사용하려 했다. 여인의 인생은 이제 끝이다. 여인은 위험에 처했다. 사람들이 힘으로 그 위험을 가중했지만, 사실 여인 자신이 한 잘못된 선택으로 인해 여인은 위험에 처한 것이었다. 그래서 예수님의 반응은 더욱 놀랍다.

### 몸을 굽히시다

가장 놀랍고, 가장 일어날 것 같지 않은 일을 하는 것은 예수님께 맡기라. 예수님은 몸을 굽히고 모래 위에 쓰기 시작하신다. 그분이 무엇을 쓰셨는지 우리는 알 길이 없다. 또 내 생각에는 뭘 하셨는지 추측하는 것도 별 도움이 되지 않는다. 학자 브루너는 이렇게 설명한다.

예수님이 몸을 굽혀 땅에 쓰는 행동을 한 것은 적어도 그 여인을 정죄하던 군중의 시선을 옮기는 역할을 했을 것 같다. 또 너무 급하게 대답하거나 너무 방어적인 대답을 해서 그 질문이 중요한 것처럼 보이게 만드는 것을 막으려고 뜸을 들이셨던 것 같다. 예수님은 아마도 의도적으로 그 상황에 드라마적 요소를 더하시려고 하신 것도 같다(이 함정 질문에 어떻게 대답할 것인지 잠시 생각하기 위해 시간을 버신 것일 수도 있다. 이 가능성은 예수님이 정말 인간이셨다는 점을 더욱 진지하게 받아들이게 해 준다).[2]

이렇게 몸을 숙여 뭔가를 끄적거리는 행동은 종교인들을 더욱 화나게 만들었다. 고소자들은 예수님이 피하는 것으로 생각하여 '묻기를 마지 않았다.' 그들은 대답을 원했고 지금 바로 원했다. 마침내 예수님이 그들에게 대답하신다. 그분의 한마디 문장이 그들의 독선적인 추진력을 멈춘다. "너희 중에 죄 없는 사가 먼서 돌로 치라."

예수님은 결정타로 그들의 함정을 날려 버리신다. 예수님은 모세의 율법을 인정하시면서도 어느 누구도 그 율법을 완벽하게 따르지 못했다는 사실에 집중하게 만드신다. 그런 다음 예수님은 다시 뭔가를 쓰기 시작하신다. 브루너는 다시 한번 그리스도의 연민에 관심을 집중시킨다.

예수님이 잘못을 깨닫게 하는 질문을 하신 후에 다시 한번 '몸을 굽혀 손가락으로 땅에 쓰신다.' 이렇게 반복된 행동을 하신 것은 앞서 여인을 여인의 수치와 고소하는 자들로부터 보호하려 하셨던 것처럼, 군중의 비판적인 관심을 고소자들과 그들의 수치로부터 돌리기 위해서였다. 예수님은 사람들의(심지어 자신을 공격하는 사람들에게도) 완벽한 보호자이시다.[31]

보호하는 것은 예수님의 사랑 넘치는 본성이다. 처음에는 고발당한 여인에게 쏟아지는 맹렬한 관심을 덜어 내셨고, 다음에는 고소자들 자신으로부터 그러한 관심을 덜어 내셨다. 여기서 예수님 자신이 수치스러운 시선을 받으신다. 곧 있으면 그분은 죄에 대한 모든 심판을 감당하실 것이다.

### 떠나다

그래서 고소자들은 하나씩 자리를 떠난다. 늙은이부터 젊은이까지 모두 돌아간다. 자신들의 깨어진 부분을 직면한 것이다. 그들은 첫 번째로 돌을 던질 수 없었다. 그들에게 죄가 없지 않았다. 콜린 크루즈는 이렇게 말한다. "이 놀라운 반응은 암암리에 그들이 여러 가지 방식으로 자신들이 그 여자보다 나을 것이 없음을 인정하는 것이었다. 결국 모든 사람이 가 버렸다. 군중, 율법 교사들과 바리새인들. 이제 고소자들이 세워 놓은 그곳에 '그대로 서 있던 여인과 함께 예수님만' 남았다."[4]

죄가 없는 오직 한 분이 성전에 서 계셨다. 돌을 던질 수 있고 합당한 벌을 집행하실 수 있는 분이었다. 그 죄 없는 분은 마땅히 내려야 할 벌을 내리지 않기로 영원히 단 한 번 선택하신 분이다. 그분은 우리 모두를 위해 죄가 되셔서 우리가 하나님의 의가 되게 하신다(고후 5:21). 그분은 우리가 받아야 할 벌과 우리가 받아야 할 심판을 대신 받으시고 우리에게는 자신이 죄 없는 삶을 사셨기에 마땅히 받아야 할 상급을 주신다.

### 선언하다

고소자들은 이 여인을 예수님께 남겨 두고 모두 떠났다. 끔찍한 상황에서 남자와 발견된 이 여인은 결국 또 다른 남자에게 남겨진다. 하지만 이 남자는 여자를 안다. 이 남자는 여자를 사랑한다. 이 남자는 여자를 이용하지 않을 것이다. 이 남자는 여자를 보호한다. 위대한 용서자는 여자에게 이렇게 말한다. "여자여 너를 고발하던 그들이 어디 있느냐 너를 정죄한 자가 없느냐?"

여자는 이 남자에게 안전하게 말할 수 있다. "주여 없나이다."

예수님은 여자를 용서하시며 이렇게 말씀하신다. "나도 너를 정죄하지 아니하노니 가서 다시는 죄를 범하지 말라."

여자를 정죄할 수 있는 유일한 분이 구원하기로 선택하신다. 예수님은 위험에 처한 여자를 죽음의 문턱에서 데리고 나가 새로운 삶의 길을 제시하신다. "가서 다시는 죄를 범하지 말라." 그분의 사랑과 용서가 여자를 살 만한 인생으로 이끌어 간다. 율법은 오직 죽일 힘만 가지고 있었다. 복음은 이 여인을 회복하고 되살리고 새롭게 하는 힘을 가지고 있었다.

그리스도의 용서는 고소자들에게도 값없이 제공된다. 이들은 자신들이 그렇게 크게 잘못한 것이 없다고 생각했다. 그래서 자신들의 죄의 무게를 느끼지 못하고 다른 죄인의 몰락을 보며 기뻐했던 사람들이다.

고소당한 여인이나 고소자들이나 종류는 다르지만 모두 위험에 처해 있었다. 우리가 자신의 행동을 합리화하는 데 얼마나 재빠른지, 자신의 죄를 얼마나 가볍게 여기는지 모두 잘 알 것이다. 우리는 모두 우리 상황이 얼마나 절박한지 직면할 필요가 있다.

우리 자신의 죄의 깊이를 제대로 알지 못할 때 우리 삶에 베푸신 그리스도의 용서는 희미해진다. 이 여인의 드라마에서 자신을 보지 못하고 우리는 정죄와 심판에서 자유롭다고 느낄 때, 우리는 하나님의 은혜를 보지 못한다. 예수님은 율법의 요구에 충실하실 뿐 아니라 그분 앞에 있는 여인, 그리고 그분이 앉아 계신 원 안으로 죄의 빚을 가지고 오는 모든 사람을 돌보고 변화시키는 데도 열심을 내신다. 예수님과 여인의 드라마는 내가 그 여인이 되어 자신의 위험의 심각성을 묵상할 때 힘을 얻게 된다. 이 새로운 통찰을 통해 나는 예수님의 사랑과 자비에 대해 새롭게 깨닫게 된다.[5]

혹시 당신의 죄 때문에 위험에 처해 있다 해도 예수님은 당신에게 새로운 삶을 주신다. 그분은 당신을 보호하고 용서하신다. 그분은 자신을 주신다. 우리가 보호받고 용서받는 유일한 길은 예수님이 우리 대신 위험한 자리에 서시는가 여부에 달려 있다. 그분은 여인을 위해 기꺼이 그 일을 하셨고 당신과 나를 위해서도 기꺼이 그 일을 하신다. 그분은 우리가 경험하는 위험을 가벼이 여기라 하지 않으시고 우리와 함께 거기 계시는 그분을 보라고 요청하신다. 당신은 두려워해야 할 실제적인 이유가 있을 수 있겠지만 또한 보호받고 있다고 느낄 만한 실제적인 이유도 가지고 있다. 그분이 당신을 보신다. 그분은 당신을 부끄러워하지 않으신다. 그분은 당신이 직면할지 모르는 불의로부터 당신을 보호하고 싶어 하신다. 여기 더 좋은 삶의 길이 있다. 여기 우리를 사랑할 더 나은 분이 있다.

# 10

# 치유가 필요한 자와 함께하신 예수님

**예수께서 불쌍히 여기사
손을 내밀어 그에게 대시며 이르시되
내가 원하노니 깨끗함을 받으라 하시니 _ 막 1:41**

삶에서 죄의 영향을 조금이라도 받지 않는 영역은 하나도 없다. 우리는 죄가 어디로 가든 반드시 깨어짐으로 결과가 나온다는 것을 안다. 우리는 정신적으로 육체적으로 영적으로 성적으로 망가져 있다. 삶의 모든 영역에서 이기심과 싸워야 하는 것을 보면 이것이 사실임을 알 수 있다. 우리는 자신의 계획과 자신에게 유익이 되는 것을 앞세우려는 본성과 싸워야 한다. 우리가 이를 아는 것은, 성경이 죄가 우리 세계와 존재의 모든 영역에 영향을 미친다고 말하기 때문이다. 우리가 이를 아는 것은, 마땅히 해야 할 방식대로 운영하지 않는 방식을 각자 생각할 수 있기 때문이다. 교부이자 철학자인 아우구스티누스는 이렇게 썼다. "인간은 하나님을 떠나 자신에게로 돌아선다."[1] 자신에게로 돌아섬으로 인해 우리는 다른 사람에게 죄를 짓고 다른 사람은 우리에게 죄를 짓는다.

삶의 모든 영역이 죄로 망가졌기 때문에 우리 삶의 모든 영역은 치유자가 베푸는 치유가 필요하게 되었다. 육체적 치유와 영적 치유가 필요한 사람들을 주의 깊게 보면, 많은 경우 우리가 날마다 경험하는 깨어짐은 우리 자신의 어떤 행동 때문이 아니라 깨어진 세상에서 살아가며 깨어진 사람들을 만나기 때문임을 알게 된다.

이 망가진 세상에서 사물들은 원래의 모습을 잃어버렸다. 예수님은 어떻게 이 사실을 직면하시고 치유하셨나?

### 영적 치유

마가복음은 영적 존재인 마귀, 한 젊은이의 삶을 괴롭히던 귀신을 대면하는 예수님의 극적인 이야기를 들려준다.

예수께서 바다 건너편 거라사인의 지방에 이르러 배에서 나오시매 곧 더러운 귀신 들린 사람이 무덤 사이에서 나와 예수를 만나니라 그 사람은 무덤 사이에 거처하는데 이제는 아무도 그를 쇠사슬로도 맬 수 없게 되었으니 이는 여러 번 고랑과 쇠사슬에 매였어도 쇠사슬을 끊고 고랑을 깨뜨렸음이러라 그리하여 아무도 그를 제어할 힘이 없는지라 밤낮 무덤 사이에서나 산에서나 늘 소리 지르며 돌로 자기의 몸을 해치고 있었더라 그가 멀리서 예수를 보고 달려와 절하며 큰 소리로 부르짖어 이르되 지극히 높으신 하나님의 아들 예수여 나와 당신이 무슨 상관이 있나이까 원하건대 하나님 앞에 맹세하고 나를 괴롭히지 마옵소서 하니 이는 예수께서 이미 그에게 이르시기를 더러운 귀신아 그 사람에게서 나오라 하셨음이라 이에 물으시되 네 이름이 무엇이냐 이르되 내 이름은 군대니 우리가 많음이니이다 하고 자기를 그 지방에서 내보내지 마시기를 간구하더니 마침 거기 돼지의 큰 떼가 산 곁에서 먹고 있는지라 이에 간구하여 이르되 우리를 돼지에게로 보내어 들어가게 하소서 하니 허락하신대 더러운 귀신들이 나와서 돼지에게로 들어가매 거의 이천 마리 되는 떼가 바다를 향하여

비탈로 내리달아 바다에서 몰사하거늘 치던 자들이 도망하여 읍내와 여러 마을에 말하니 사람들이 어떻게 되었는지를 보러 와서 예수께 이르러 그 귀신 들렸던 자 곧 군대 귀신 지폈던 자가 옷을 입고 정신이 온전하여 앉은 것을 보고 두려워하더라 이에 귀신 들렸던 자가 당한 것과 돼지의 일을 본 자들이 그들에게 알리매 그들이 예수께 그 지방에서 떠나시기를 간구하더라 예수께서 배에 오르실 때에 귀신 들렸던 사람이 함께 있기를 간구하였으나 허락하지 아니하시고 그에게 이르시되 집으로 돌아가 주께서 네게 어떻게 큰 일을 행하사 너를 불쌍히 여기신 것을 네 가족에게 알리라 하시니(막 5:1-19)

마가는 오늘날 우리에게는 터무니없고 상당히 낯선 한 상황을 설명한다. 한 사람이 악한 영의 지배를 받아서 아무도 제어할 수 없어 무덤가에 혼자 살면서 거친 사람이 되어 있었다. 그는 쇠사슬에 묶이지 않았고 아무도 저지할 수 없었다. 그는 계속해서 자해하면서 그 고통에 진저리를 치며 살았다. 그는 매우 불안한 사람이었고 그 지역 사람은 누구나 다 알고 있었다.

데이비드 갈런드는 이 한 사람이 겪는 심리적 장애와 온 인류의 위험한 깨짐을 같은 선상에 놓고 본다.

아무도 그를 "제어할" 힘이 없었다. 여기서 사용된 헬라어 '다마조'(*damazo*)는 '야생 동물을 길들인다'는 의미로 사용되던 것으로 "아무도 그를 길들일 수 없었다"로 번역하는 것이 더 낫다. 분명이 귀신 들린 사람은 그를 제압하려던 모든 시도가 실패하면서 자유롭게 돌아다녔다. … 보통은 사람이 사람을 '길들이지' 않는다. 사람은 야생 동물을(혹은 '혀'를, 약 3:8) 길들인다. 사람들은 그를 야생 동물처럼 취급하고 그도 야생 동물처럼 행동한다.

그는 사회에서 추방되었다. 그가 밤새도록 자기 몸에 돌로 상처내며 뱉어 내는 신음 소리에 잠을 방해받지 않을 존재들과 함께 살아야 한다. 그는 구원을 위해 탄식하며 신음하는 온 피조세계의 축소판이다(롬 8:22). 그는 죽은 자들의 썩어 가는 뼈 가운데서 살아야 하는 저주를 받았고 아무도 그를 사랑하지 않았으며 그가 사랑할 사람도 아무도 없었다. 악한 영은 언제나 인간성을 훼손하고 삶을 파괴한다.[21]

깨어 있는 시간 대부분을 자신만의 현실 속에서 활동하며 보내던 이 귀신 들린 남자는 예수님이 가까이 다가오자 갑자기 진정한 명확성(true clarity)을 경험한다. 그는 예수님을 보자 '달려와 절하며 큰 소리로 부르짖었다.' 그는 예수님께 자신에게 무엇을 원하시느냐고 물었다. 왜인지 그 사람을 괴롭히던 마귀들은 다른 사람들이 보지 못하던 것을 즉각 알아보았다. 그는 예수님을 "지극히 높으신 하나님의 아들"이라고 부른다. 그는 예수님이 가진 능력을 알아보고 자신을 괴롭히지 말아 달라고 요청한다. 갈런드는 이렇게 말한다. "인간 역사 속으로 뚫고 들어온 신적 실재를 알아보지 못하는 인간과는 달리(막 4:41), 악한 영들은 언제나 예수님의 신적 기원을 알아보고(막 1:24; 3:11; 약 2:19) 그분의 임재 안에서 몸을 떤다. 그들은 자신들이 엄청나게 우월한 화력에 맞서고 있다는 것을 안다."[3] 이 제어할 수 없는 거친 사람은 자신이 완전히 상대가 되지 않는다는 것을 알고 무릎을 꿇고 간청했다.

### 몹시 흥분하다

예수님은 더러운 영들에게 그 사람에게서 나오라고 명령하신다. 군대 귀신의 목소리가 근처에 있던 돼지 떼에게 들어가게 해 달라고 간청하자, 예수님은 어쩔 수 없이 허락하신다. 이것이 돼지들에게 좋게 끝날 리가 없었다. 돼지들은 바다로 돌진하여 빠졌다. 정말로 이상한 이야기다!

이웃들 또한 반응이 좋지 않았다. 그들은 가축을 잃은 것에 화를 냈다. 하지만 이상하게도 이전에 미쳤던 사람이 옷을 입고 깨끗한 모습으로 제정신으로 있는 모습을 보고 그들은 두려워했다. 이 공동체의 우선순위는 약간 왜곡되어 있었다. 하지만 예수님의 능력이 드러나자 그들은 깜짝 놀라며 예수님이 떠나 주시기를 청했다. 그들은 예수님이 주시는 것을 더 이상 원하지 않았다.

그리스도의 사랑의 능력이 그들을 불안하게 했다.

그들은 인간을 억압하고 동물들을 죽이는 악한 힘을 몰아낼 수 있는 분과 함께하는 것보다 그 악한 힘과 함께 있는 것을 더 편하게 여겼다. 그들은 닥치는 대로 폭력을 휘둘러 이웃을 두렵게 하던 그 이상한 귀신 들린 사람은 상대할 수 있다. 그러나 예수님의 능력을 가진 사람들은 저만큼, 바다 반대편만큼 거리를 두기를 원한다. 그들은 귀신들보다 예수님을 더 위험한 골칫거리로 여긴 것이 분명하다.[4]


## 그 소식을 전하기 시작하다

완전히 회복되어 제정신이 든, 예전에 귀신 들렸던 남자는 예수님을 따르고자 했다. 당연하다! 예수님은 그 사람의 더럽고 상처 나고 악취 나고 괴상한 행동들을 보신 것이 아니라 그의 인간성을 꿰뚫어 보셨다. 예수님은 단 한 문장으로 그의 망가진 삶을 고치셨고 회복시키셨다. 예수님은 정말로 말 그대로 그의 인생을 되돌려 주셨다.

예수님은 일반적으로 병을 고쳐 준 사람들에게 그 사실을 비밀로 하라고 하셨다. 그런데 여기서는 뭔가 의아한 행동을 하신다. 예수님은 병 나은 사람에게 이렇게 말씀하신다. "집으로 돌아가 주께서 네게 어떻게 큰 일을 행하사 너를 불쌍히 여기신 것을 네 가족에게 알리라." 예수님은 이 사람을 예수님 안에 있는 구원의 좋은 소식을 전하는 복음 전도자로 삼으신다. 예수님이 그에게 전하라고 한 내용을 자세히 들여다보면, 그분이 영적으로 치유가 필요한 사람들을 어떻게 대하시는지 통찰력을 얻을 수 있다. 예수님은 주님이 하신 모든 일과 이 사람이 받은 모든 자비를 증언하라고 말씀하신다.

예수님은 영적으로 깨어진 사람들을 위해, 그들과 함께, 그들 속에서 일하신다. 그분은 영적 치유가 필요한 사람들에게 자비를 보여 주신다. 예수님은 이 사람이 나가서 자기가 얼마나 잘하고 있는지를 보여 주라고 하신 것이 아니다. 예수님은 그 사람이 사람들에게 주님이 이 기적을 행하셨고 주님이 그를 보셨고 그를 사랑하셨고 그를 구원하셨다고 전하기를 바라셨다. 예수님은 사람들로부터 소외되고 고립되었던 이 사람이 공동체를 찾아서 자신의 경험을 나누기를 바라셨다. 예수님은 이 망가진 사람을 회복하셨고 그가 창조된 목적을 행하러 가라고 요청하셨다. 사람들을 찾아서 예수님에 대해 말하라고 하셨다. 예수님은 이 사람이 자신의 삶에서 어둠이 역전되는 일이 일어났다고 선포하기를 원하셨다. 예수님은 잃어버렸던 것을 회복하고 계셨다.

### 육체적 치유

마가복음은 또한 육체의 치유가 필요했던 한 사람에 대해 짤막한 이야기를 들려준다.

> 한 나병환자가 예수께 와서 꿇어 엎드려 간구하여 이르되 원하시면 저를 깨끗하게 하실 수 있나이다 예수께서 불쌍히 여기사 손을 내밀어 그에게 대시며 이르시되 내가 원하노니 깨끗함을 받으라 하시니 곧 나병이 그 사람에게서 떠나가고 깨끗하여진지라 곧 보내시며 엄히 경고하사 이르시되 삼가 아무에게 아무 말도 하지 말고 가서 네 몸을 제사장에게 보이고 네가 깨끗하게 되었으니

모세가 명한 것을 드려 그들에게 입증하라 하셨더라 그러나 그 사람이 나가서 이 일을 많이 전파하여 널리 퍼지게 하니 그러므로 예수께서 다시는 드러나게 동네에 들어가지 못하시고 오직 바깥 한적한 곳에 계셨으나 사방에서 사람들이 그에게로 나아오더라(막 1:40-45)

귀신 들린 사람과 마찬가지로 나병에 걸린 이 사람도 예수님께 자신이 필요한 변화, 즉 병 나음을 가져올 능력이 있다고 믿으며 그분에게 나아온다. 이 육체적인 질병 때문에 그는 버림받았고, 나병이 걸리지 않은 사람들 주변에는 갈 수 없었다. 그는 자신의 공동체와 가족에게서 배제되었고 혼자 고립되었다. 끔찍이도 고통스러운 박테리아 감염으로 인해 육체적인 고통이 극심했지만 그에 못지않게 그 고통을 홀로 견뎌야 한다는 정신적이고 감정적인 고통도 컸다.

그의 절망적인 상황은 그로 하여금 기꺼이 율법을 어기면서까지 예수님께 나아가게 만들었다. 고통이 너무나 극심해서 의식법을 어긴 결과를 기꺼이 감수하고자 했다.

그는 예수님께 다가간다. 무릎을 꿇는다. 이렇게 간청한다. "원하시면 저를 깨끗하게 하실 수 있나이다."

예수님에게로 공이 넘어간다. 그 사람은 자신이 원하는 바를 간청했다. 그는 공을 쳤다. 기다린다. 예수님이 어떻게 하실지 기다리는 시간은 몇 초가 영원처럼 느껴졌을 것이다. 흉측하고 더러워 보이는 이 추방자를 예수님은 어떻게 대하시는가?

### 불쌍히 여기시다

헬라어 '오르기조'(*orgizo*)가 여기서 어떻게 번역되는지에 대해 약간의 논란이 있다. "불쌍히 여기다"로 번역된 이 단어는 사실 '격분하다'라는 뜻이었다. 왜 성경 원본은 예수님이 이 사람의 요구에 격분하셨다고 말하는 것일까? R. T. 프랑스는 이런 통찰력을 보여 준다.

> 아마도 가장 그럴듯한 해석은 그 질병으로 인한 육체적이고 사회적인 고통을 보면서 예수님은 불쌍히 여기시기도 했지만 세상에 존재하는 악, 즉 아마도 사회적 금기의 둔감성에 대해서도 분노하셨다는 것이다. 그 분노가 그 사람에 대한 것이 아니었다는 증거는 예수님이 즉시 불쌍히 여기는 반응을 하셨다는 점에서 알 수 있다.[5]

그 사람을 향한 예수님의 동정심에는 그에게 행해진 부당한 대우들에 대해 의롭게 분노하시는 것도 포함된다. 예수님의 감정은 그저 느낌에 머물지 않는다. 그분의 감정은 거의 항상 행동으로 표출된다. 예수님의 분노에 찬 동정심은 그분을 이 고통받는 사람에게로 이끌어 간다. 예수님도 율법을 어기시며 이 율법을 어긴 사람과 함께하신다.

예수님은 손을 내밀어 그를 만지신다. "내가 원하노니 깨끗함을 받으라."

즉시 그 사람은 깨끗해진다.

앨런 콜은 예수님이 이 고통받고 악취 나는 사람에게 곧바로 다가가 그 고통을 친히 감당하시는 모습을 본다.

불쌍히 여기시는 그리스도와 간절히 열망하는 죄인이 만날 때마다 언제나 즉각적이고 완벽한 치유가 일어난다. 현대 병원의 살균된 깨끗함 속에서는 예수님의 비유가 보여 주는 경이로움을 볼 수 없다. 그분은 치유하고 용서하기 위해 흉악하고 냄새 나는 우리 죄를 기꺼이 만지시며 깨끗하게 하신다. 고대 세계에서 나병환자들을 대하는 태도는 오늘날 에이즈 의심 환자들을 대하는 대중의 태도와 크게 다르지 않았다. 나병환자의 의례적 부정함을 알고 있던(레 13:3) 경건한 유대인들에게는 더욱 충격적으로 다가왔다. 예수님은 (유대인들이 보고 있기에) 일부러 더 더러움에 노출되어 그 나병환자가 깨끗해지는 모습을 보게 하셨다. 복음 전체가 여기에 요약되어 있다. 즉 그리스도께서 우리 대신 저주가 되심으로 우리를 저주에서 구원하신다(갈 3:13).[6]

동정심 많은 우리 예수님은 고통받는 자들을 보시고 육체적인 고통을 덜어 줄 뿐 아니라 감정적이고 정신적인 고통도 덜어 주고자 하신다. 예수님은 이 사람을 만지신다. 이 사람이 정말 오랜만에 받아 본 손길이었을 것이 분명하다.

예수님의 돌봄은 이 사람의 영적 복지로까지 확대되었다. 데이비드 갈린드는 이렇게 말한다.

예수님 당시에 나병은 죄에 대한 고전적인 형벌로 여겨졌다. 그 병은 이웃들은 모르는 죄를 저질렀다는 숨길 수 없는 징표였다. 그 고통은, 다른 사람들에게는 죄를 숨길 수 있을지 모르지만 하나님께는 숨길 수 없다는 것을 말해 주는 것이었고 죄인들이 받을 궁극적인 운명의 사전 경고 역할을 한다고 여겨졌다.[7]

예수님은 우리를 하나의 몸이나 하나의 영혼 혹은 하나의 감정적인 존재로만 보지 않으신다. 예수님은 우리를 다 아시고 사랑하신다. 예수님은 우리 존재의 모든 면면을 돌보신다.

예수님은 치유받은 사람에게 먼저 사람들에게 가서 일어난 일을 말하지 말고 곧장 제사장에게 가라고 엄중하게 지시하신다. 제사장은 이 사람이 깨끗해졌다고, 병에서 자유로워졌다고 선언할 수 있는 사람이다. 예수님은 이 사람이 사람들과의 교제를 회복하고 공동체로 다시 받아들여지기를 원하셨다.

치유가 필요한 사랑하는 이여, 예수님이 당신을 보신다. 다른 사람들은 등을 돌리고 외면할지 몰라도 예수님은 가까이 오신다. 육체적으로 고통받을 때, 당신에게는 육체적으로 고통을 당하셨기에 당신을 이해하시는 구세주가 있음을 절대 의심하지 말라. 감정적으로 고통받을 때, 불쌍히 여기시며 모든 상황에서 당신의 유익을 위해 일하시는 치유자가 있음을 절대 의심하지 말라.

살아 있는 동안에는 육체적이고 감정적이고 영적인 고통이 완전히 치유되지 않을지라도, 당신 앞에는 막을 수 없는 현실이 다가오고 있다. 언젠가 당신은 완전한 치유를 경험하게 될 것이다. 그날은 구체화되기에는 너무 희미한 소망처럼 보일 수도 있지만, 예수님이 고통받는 자를 어떻게 사랑하셨는지를 보면서 그분이 당신을 사랑하신다는 사실을 믿을 수 있다. 하나님이 약속하신 것은 실현될 것이다. 그분의 의지다. 당신은 온전해질 것이다.

# 11

# 도움이 필요한 자와 함께하신 예수님

**내가 무리를 불쌍히 여기노라**
그들이 나와 함께 있은 지 이미 사흘이 지났으나
먹을 것이 없도다 _ 막 8:2

내 머리는 심한 곱슬머리다. 하지만 항상 그랬던 것은 아니다. 12살까지는 직모였는데, 그때부터 호르몬이 작동하기 시작했다. 1년 만에 내 머리는 곱슬머리가 되었다. 희한한 일이다. 내 머리는 곱슬머리라서 일주일에 두어 번 정도 빗는다. 빗을 때마다 빗에 머리카락이 엄청 뭉쳐 있다. 걱정 말라! 대머리가 되지는 않을 것이다. 보통 사람들도 하루에 수백 개의 머리카락이 빠진다. 내 경우에는, 빠진 머리카락들이 곱슬머리 속에 갇혀서 땅으로 떨어지지 않다가 머리를 빗어야 나오는 것이다.

수년 동안 곱슬머리를 어떻게 해야 할지 몰라서 계속 이야기를 하고 다녔다. 만일 곱슬머리로 고민이라면 내가 도와주겠다! 하지만 내 머리 이야기를 꺼낸 진짜 이유는 하나님이 우리 머리에 있는 머리카락을 다 세신다는 놀라운 진리 때문이다. 누가복음 12장은 하나님이 어떻게 우리를 돌보시고 우리의 모든 필요와 삶의 세세한 부분들을 돌보시는지에 대한 예수님의 가르침을 들려준다. 우리는 일어나는지도 모르는 우리 삶의 일들에 하나님은 관심을 가지신다. 나는 내 머리카락이 엄청 많이 빠져도 모르고 있지만 하나님은 아신다.

예수님이 말씀하시는 요점이 바로 내가 말하려는 바다. 하나님이 우리 머리카락도 신경 쓰신다면 우리 마음과 영혼, 정신은 얼마나 더 신경 쓰시겠는가. 하나님은 우리가 중요하지 않다고 여기는 것들도 신경 쓰신다. 예수님은 우리 필요를 신경 쓰신다.


### 첫 번째 기적

예수님이 행하신 제일 처음 기록된 기적은 도움이 필요한 한 가족과 연관이 있다. 요한복음 2장 1-3절은 배경을 설명한다. "사흘째 되던 날 갈릴리 가나에 혼례가 있어 예수의 어머니도 거기 계시고 예수와 그 제자들도 혼례에 청함을 받았더니 포도주가 떨어진지라 예수의 어머니가 예수에게 이르되 저들에게 포도주가 없다 하니."

예수님이 혼인 잔치에 참석하셨다! 예수님은 가족과 친구들이 하는 일상적인 일들을 하고 계셨다는 점에 주목해 보라. 그분의 신성은 친구들이 서로에 대한 사랑을 나누고 서로에 대한 헌신을 축하하기 위해 일주일 동안 열리는 파티에 가는 것을 막지 못했다. 예수님은 자신의 사역을 시작하셨지만, 그 사역에는 친구들과 가족과 함께 시간을 보내고, 사랑의 아름다움을 기뻐하고, 좋은 포도주를 마시고, 좋은 음식을 먹는 일도 포함되었다. 예수님이 이 잔치에 참여하심으로 좋은 잔치를 누리는 것의 영원한 가치가 올라간다.

다시 기적 이야기로 돌아가 보자. 우리 문화에서는 혼인 잔치에서 포도주가 떨어진 것이 얼마나 심각한 일인지 잘 이해하기 어렵다. 예수님 당시에는 혼인 잔치에서 포도주가 떨어졌다는 것은 엄청난 사회적 실수로 여겨졌다. 게리 버지는 이렇게 말한다. "이것은 단순히 당황스러운 상황이 아니라 주인에게는 불명예스러운 위기다."[1] 포도주가 떨어졌다는 것은 혼인 잔치를 망칠 뿐 아니라 주인의 평판도 떨어뜨릴 것이었다.

처음에는 어머니가 포도주 상황을 말할 때 예수님은 기분이 상하신 것처럼 보인다. "여자여 나와 무슨 상관이 있나이까 내 때가 아직 이르지 아니하였나이다"(요 2:4). 예수님의 말투가 우리가 보기에는 불손해 보일지 모르지만, 대부분의 학자는 예수님이 어머니 마리아에게 자신은 마리아의 명령을 따르러 온 것이 아니라 하나님 아버지의 명령을 따르기 위해 왔다는 것을 상기시키려 한 것이라고 믿는다. 나는 마리아의 반응이 참 마음에 든다. "너희에게 무슨 말씀을 하시든지 그대로 하라"(요 2:5). 그녀는 기본적으로 이렇게 말한 것이다. "자, 다들 진정하고 예수가 하라는 일을 하세요. 포도주가 다시 넘치게 합시다."

> 예수께서 그들에게 이르시되 항아리에 물을 채우라 하신즉 아귀까지 채우니 이제는 떠서 연회장에게 갖다 주라 하시매 갖다 주었더니 연회장은 물로 된 포도주를 맛보고도 어디서 났는지 알지 못하되 물 떠온 하인들은 알더라 연회장이 신랑을 불러 말하되 사람마다 먼저 좋은 포도주를 내고 취한 후에 낮은 것을 내거늘 그대는 지금까지 좋은 포도주를 두었도다 하니라(요 2:7-10)

이 기적이 놀랍도록 아름다운 것은 예수님은 어떤 일이든 대충 하지 않으신다는 것이다. 속담처럼 그분은 "모 아니면 도"다. 예수님은 단순히 물을 포도주로 바꾼 것이 아니었다. 그 포도주는 예수님의 손에서 나온 것이기에 아마도 그들이 먹어 본 최고의 포도주였을 것이다. 그들이 포도주를 맛보고 그 탁월함에 깜짝 놀랄 것을 아시고 예수님이 얼마나 기쁘셨을지 생각해 보라. 예수님은 그 상황을 보고 이렇게 말하지 않으셨다. "너희 체면은 그리 중요하지 않다. 이미 먹은 포도주를 감사히 여기고 그냥 넘어가자." 아니, 우리 구세주는 절대 이렇게 말하지 않으신다. 그분은 결혼식 주인이 신경 쓰는 것을 신경 쓰신다. 그분은 잔치의 질을 신경 쓰셨다. 그분은 그들의 평판을 신경 쓰셨다. 그분은 우리가 별로 중요하게 여기지 않는 다른 것들도 신경 쓰신다. 이렇게 세세한 것에 신경 쓰시는 것은 '머리카락까지 세시는' 수준의 돌봄을 보여 준다.

### 무리를 불쌍히 여기시다

그리스도께서 백성의 필요를 채워 주시려고 한 이유는 무엇일까? 마가복음 8장에서 그 답을 찾을 수 있다. "그 무렵에 또 큰 무리가 있어 먹을 것이 없는지라 예수께서 제자들을 불러 이르시되 내가 무리를 불쌍히 여기노라 그들이 나와 함께 있은 지 이미 사흘이 지났으나 먹을 것이 없도다 만일 내가 그들을 굶겨 집으로 보내면 길에서 기진하리라 그 중에는 멀리서 온 사람들도 있느니라"(막 8:1-3). 이것은 예수님이 4천 명을 먹이신 이야기다. 예수님이 이런 유의 기적을 행하신 두 번째 경우다. 요한복음에서 우리는 예수님이 어떻게 물고기 2마리와 떡 5개로 5천 명과, 여자와 아이를 더하면 더 많은 숫자를 먹이셨는지 읽게 된다.

그리스도께서 그분을 따르는 자들을 돌보시는 실제 모습이 이 구절에 나온다. 예수님은 주위를 둘러보시고, 많은 사람이 있는데 먹을 것이 없다는 것을 아셨다. 예수님은 불쌍하게 여기신다. 앨런 콜은 배고픔 같은 매일의 필요를 채워 주시기 위해 발걸음을 떼시는 예수님에 대해 이렇게 기록한다.

오늘날에는 기적들을 너무 영성화하는 경향이 있어서 그것들이 갖는 가장 중요한 의미를 놓치기 쉽다. 기적의 주된 의미는 예수님이 춥고 배고프고 아프고 슬퍼하는 사람들을 보셨을 때 그분의 마음이 사랑과 동정으로 가득 차서 그들에게 가셨다는 것이다(2절). 다른 말로 하면 예수님의 기적들은 분명 영적 메시지를 가리키기 위한 '표지들'로 사용되었지만, 기적을 받는 자들은 단순히 영적 허수아비가 되는 것이 아니었다. 모든 사역의 뿌리는 (그것이 육체적인 것이든 영적인 것이든) 이 진정한 내적 제어다. 신약성경 저자들은 만장일치로 이 제약이 우리 안에서 역사하는 그리스도의 사랑이라고 본다(고후 5:1).[21]

예수님이 무리를 '불쌍히 여긴다'고 말씀하실 때 그 감정의 깊이를 알아야 한다. 단지 무심하고 약한 감정을 표현한 것이 아니었다. 헬라어로 그 단어는 '속이 뒤집히는 감정'이라는 뜻을 갖는다. 예수님은 정말로 그들에게 그런 감정을 느끼셨다. 그분은 사람들을 내보내서 음식을 구해 오게 하고 싶지 않으셨다. 그들은 인적이 없는 곳에 있었고 음식을 구하러 가다 기진하여 쓰러질 수 있었기 때문이었다.

예수님이 제일 처음 음식을 많아지게 하셨을 때는 유대인 공동체를 위해서였다. 주석가들이 동의하는 바대로, 이번에는 기적을 베푼 위치로 볼 때 대다수가 이방인으로 이루어진 사람들을 먹이신 것으로 볼 수 있다. 예수님은 일반적으로 유대인 공동체에 속하지 않은 사람들에게까지 손을 내미신다. 예수님은 당시의 전통으로 볼 때 따돌림받던 사람들의 육체적 필요를 신경 쓰셨다. 예수님의 보살핌은 기대했던 것 이상으로, 그분이 보살피실 거라 기대하던 사람들의 범위를 넘어 확장되었다. 제임스 에드워즈는 이런 생각을 설명한다.

모든 세대 하나님의 백성을 위한 교훈이 여기 있다. 하나님 백성의 원수라고 해서 하나님께 버림받은 것도 아니고 예수님의 동정을 받지 못하는 것도 아니다. 반대로 이방인들, '먼' 타인들은 예수님의 동정의 대상이다. 이방인에 대한 유대인의 반응과 예수님의 반응이 다르다는 것은 마가의 결론적인 말인 '예수께서 그들을 흩어 보내셨다'는 구절에서 찾아볼 수 있다. '흩어 보내셨다'에 해당하는 헬라어 *apolyein*은 '해산하다' 혹은 '제거하다' 혹은 '풀어 주다' 혹은 '해방하다'라는 뜻을 갖는다. 첫 번째는 유대인들의 반응이다. 두 번째는 예수님의 반응이다. 예수님은 배척받던 배고픈 자들을 만족시키시고 그들을 자유롭게 하신다.[3]

### 가장 큰 필요

예수님은 육체적인 필요를 결코 축소하지 않으셨지만 거기서 단순히 멈추지 않으셨다. 그분은 우리의 가장 큰 필요를 공급해 주셨다. 물을 포도주로 바꾼 것은 복음이 우리가 알던 어떤 것보다 더 위대하다는 진리를 상징한다.[4] 예수님은 우리에게 용서와 의를 주신다. 그분의 삶과 죽음과 부활은 우리에게 절실히 필요한 것을 충족시킨다.

마태복음 6장 31-33절은 예수님의 이 가르침을 기록한다. "그러므로 염려하여 이르기를 무엇을 먹을까 무엇을 마실까 무엇을 입을까 하지 말라 이는 다 이방인들이 구하는 것이라 너희 하늘 아버지께서 이 모든 것이 너희에게 있어야 할 줄을 아시느니라 그런즉 너희는 먼저 그의 나라와 그의 의를 구하라 그리하면 이 모든 것을 너희에게 더하시리라."

위대한 공급자는 당신의 필요를 아신다. 예수님은 주변 사람들의 필요를 아셨고 그들의 유익을 위해 일하셨다. 그분은 육체적 필요를 공급하는 것을 소홀히 여기지 않으시지만, 생명이 육체보다 귀함을 알기를 원하신다. 진정한 생명은 그리스도께서 우리에게 주시는 의로움 속에 있다.

도움이 필요한 이여, 당신이 원하는 바를 그리스도께 가져오라. 그분은 우리가 요구하거나 상상할 수 있는 것 이상을 해 주시기 원하신다. 그분은 **이미** 우리가 요구하거나 상상할 수 있는 것 이상을 하셨다. 만일 당신이 기대하거나 희망하던 방식으로 공급하지 않으신다면, 그분이 당신을 불쌍히 여기시고 정확히 당신에게 필요한 것을 주시기 위함임을 알라.

# 12

## 죽은 자와 함께하신 예수님

모든 수단을 다해 삶을 축하하되 삶의 끝을 직시하라. 모든 눈물을 짜내 슬퍼하라.
다음에 무슨 일이 일어나든, 어떤 일이 일어났든, 일은 일어났기 때문이다.
소중하고 대체할 수 없는 무언가가 끝났고
당신 안에 있는 무언가가 그것과 함께 끝나 버렸다. _ 프레더릭 비크너

예수께서 눈물을 흘리시더라 _ 요 11:35

예수님은 죽음과 접촉했을 때 행동하셨다. 예수님의 사역은 삶과 죽음의 문제에 완전히 초점이 맞추어져 있었기에 당연하다. 예수님의 궁극적인 목적은 사람들에게 새로운 생명을 주는 것이었다. 예수님은 죽으시고 사흘 만에 살아나셔서 생명을 주는 능력을 온전히 나타내심으로써 이것을 성취하셨다. 복음서 이야기 전체에서 예수님은 사람들을 새로운 생명으로 이끄신다. 예수님

이 십자가에서 강도 옆에 계셨을 때 그분은 그를 육체적 죽음에서 건지지 않으셨다. 하지만 그분은 그에게 천국과 영원을 약속하셨다(눅 23:43).

코로나19 팬데믹이 잔혹한 피해를 입히면서 죽음이 도처에 있었다. 내 경우에는 존경받던 한 대형 교회의 목회자가 코로나로 죽음을 맞으면서 샌디에이고 주변 기독교 공동체가 큰 슬픔을 겪었다. 너무나 많은 사람이 이 목회자로부터 성경을 사랑하는 법을 배웠다고 고백했다. 이 상실의 슬픈 소식을 전한 일부 게시물에 이렇게 적혀 있었다. "우리는 모두 충격에 빠졌고 큰 슬픔에 잠겨 있다. 그분이 사랑하는 예수님과 함께 천국에서 즐거워하고 있을 것을 알기에 위로를 받는다." 죽음에 직면할 때 우리는 상실로 인해 슬퍼하면서도 그것을 이해하고 위로받기를 원한다. 삶은 너무나 보잘것없고 불확실하게 느껴지지만 우리가 확실히 아는 한 가지가 있다. 바로 믿는 자들에게는 죽음이 마지막이 아니라는 것이다.

오직 예수님만 죽음을 대했을 때 그것을 역전시킬 수 있었고, 복음서 기자들은 주의를 기울여 예수님이 죽음을 역전시키신 세 경우를 기록했다. 물론 세 경우 모두 결국 죽음을 맞게 될 것이지만, 예수님은 그들이 새로운 생명으로 부활할 미래를 주셨다.

### 장례 행렬에서 길거리 축제로

누가복음은 예수님이 제자들과 이 마을 저 마을로 다니며 가르치시고 놀라운 기적을 행하신 이야기를 기록한다. 이들이 나인이라는 마을로 가고 있을 때(이들은 생명과 기쁨이 충만한 상태였다) 죽음을 슬퍼하는 한 무리의 사람들을 만나게 된다.

> 그 후에 예수께서 나인이란 성으로 가실새 제자와 많은 무리가 동행하더니 성문에 가까이 이르실 때에 사람들이 한 죽은 자를 메고 나오니 이는 한 어머니의 독자요 그의 어머니는 과부라 그 성의 많은 사람도 그와 함께 나오거늘 주께서 과부를 보시고 불쌍히 여기사 울지 말라 하시고 가까이 가서 그 관에 손을 대시니 멘 자들이 서는지라 예수께서 이르시되 청년아 내가 네게 말하노니 일어나라 하시매 죽었던 자가 일어나 앉고 말도 하거늘 예수께서 그를 어머니에게 주시니 모든 사람이 두려워하며 하나님께 영광을 돌려 이르되 큰 선지자가 우리 가운데 일어나셨다 하고 또 하나님께서 자기 백성을 돌보셨다 하더라 예수께 대한 이 소문이 온 유대와 사방에 두루 퍼지니라(눅 7:11-17)

예수님 당시 문화는 애도하는 것과 장례식에 참여하는 것을 대단히 중요하게 여겼다. 가족과 친구들을 비롯한 공동체가 함께 모여 애도하는 것이 관행이었다. 죽은 이의 가족은 장례식에 사람이 충분히 많이 오지 않으면 전문적으로 곡하는 사람을 고용해 사랑하는 이를 애도하기도 했다. 그래서 예수님과 제자들이 이 장례 행렬을 만났을 때, 그들은 우리가 장례식에서 흔히 보는 '마땅한 격식을 갖추어', '존중하는 모습으로' 조용히 거리를 걸어 내려오는 그런 사람들이 아니었다. 그들은 정신없이 크게 소리 내어 통곡했다.

상황을 더욱 절박하게 만든 것은 상주가 하나뿐인 아들을 묻어야 하는 과부라는 점이었다. 감정적으로 그 여인의 절망은 극에 달했다. 처음에는 남편을 묻었고 이제는 아들을 묻어야 한다. 여인은 그 상실로 인해 사회적, 경제적 파멸도 겪게 될 것이다. 당시 문화에서는 여인에게 가족을 부양할 남자가 없다는 것은 거의 죽음을 의미했다. 여인은 자신을 통해 가문의 대가 이어지지 못한다는 슬픈 사실도 받아들여야 했다. 여인의 상황은 너무나 어둡고 무겁다. 그런데 거리 저쪽에서 생명 자체가 다가온다.

예수님은 이 어머니를 보며 불쌍히 여기신다. '불쌍히 여기다'라는 단어는 이미 앞에서 살펴보았다. 이 단어에는 사랑 어린 공감의 뜻과 의로운 분노의 뜻이 함께 들어 있다. 예수님은 이 여인을 보시고는 상황이 절박함을 아시고 그녀를 불쌍히 여기신다. 그분은 죽음에 대해 분노하신다. 그분은 여인을 보고 "울지 말라"고 말씀하신다. 여인과 주변에 있던 사람들에게 그 말이 얼마나 이상하게 들렸을까! 여인이 어떻게 울지 않을 수 있겠는가? 여인의 마음이 어떻게 찢어지지 않을 수 있단 말인가? 슬퍼하도록 준비된 이 시간에 여인이 어떻게 슬픈 마음을 멈출 수 있단 말인가? 제임스 에드워즈는 이 장례 행렬이 거리의 축제로 바뀐다고 말하면서 이렇게 설명한다. "예수님은 생명의 주로서 어떻게 자신의 명령을 실제로 성취하는지 보여 주신다. 예수님은 과부의 슬픔을 기쁨으로 바꾸신다."[1]

예수님은 누구도 생각할 수 없었던 일을 행하신다. 예수님은 열려 있는 관을 만지신다. 다시 한번, 현대 우리들은 이 행동이 얼마나 파격적인 것이었는지 잘 이해하지 못할 수 있다. 예수님 당시 유대인들에게 관을 만지는 행위는 의례적으로 불결해지는 행위였다. 하지만 예수님은 자신을 불결하게 만들 수 있는 것에 가까이 가거나 그것을 만지는 것을 전혀 두려워하지 않으신다. 그분 안에 있는 정결함이 어떤 불결함도 정복한다. 그리스도로부터 흘러넘치는 생명이 이 청년을 덮친 죽음을 이긴다.

그런 다음 예수님은 두 번째 명령을 하신다. "청년아 내가 네게 말하노니 일어나라." 슬퍼하던 어머니가 "울지 말라"는 예수님의 첫 번째 명령에 아직 순종할 수 없었더라도, 이 명령을 들었을 때는 정말 놀랐을 것이다. 죽은 청년이 일어나 앉아 말을 하기 시작한다!

나도 아들을 둔 어머니로서 예수님이 그다음 하신 일에 특히 감동을 받는다. "예수께서 그를 어머니에게 주시니." 어머니와 아들이 함께할 때까지 기적은 끝난 것이 아니었다. 예수님은 자신의 능력을 뽐내는 방식으로 부활의 기적을 행하지 않으셨다. 예수님은 이 어머니가 위로받기를 원하셨다. 예수님은 그 아들이 회복되기를 바라셨다. 리처드 렌스키는 이렇게 쓴다. "그분이 친히 어머니와 아들을 형용할 수 없는 기쁨 속에서 하나 되게 하셨다. 그분은 주셨고(너무나 놀라운 선물을!) 그분은 그렇게 주시는 것을 너무나 기뻐하신다!"[2]

### 달리다굼

다음 이야기에도 부모와 자녀가 나오는데 이번에는 예수님이 아버지와 딸을 만나신다.

> 예수께서 배를 타시고 다시 맞은편으로 건너가시니 큰 무리가 그에게로 모이거늘 이에 바닷가에 계시더니 회당장 중의 하나인 야이로라 하는 이가 와서 예수를 보고 발 아래 엎드리어 간곡히 구하여 이르되 내 어린 딸이 죽게 되었사오니 오셔서 그 위에 손을 얹으사 그로 구원을 받아 살게 하소서 하거늘 이에 그와 함께 가실새 큰 무리가 따라가며 에워싸 밀더라(막 5:21-24)

예수님께 적대적이었던 유대 종교 지도자들이 예수님의 사역을 무너뜨리려고 얼마나 애썼는지 기억해 보라. 그런데 여기 회당장 야이로가 등장한다. "야이로는 예수님을 저대하던 유대 지도층의 일원이다. 그는 예수님을 대적하던 기관의 지도자였지만, 그렇다고 예수님의 보살핌을 받지 못하는 것은 아니다. 그는 자신의 사회적 지위를 내려놓고 필사적으로 도움을 구하며 예수님 앞에 자신을 낮추었기 때문이다."[3] 야이로는 필사적인 아버지였고, 예수님은 그와 함께 가는 것에 동의하신다.

야이로의 집으로 가는 도중 예수님은 한 여인이 자신의 옷을 만져서 치유의 능력이 빠져나간 것을 아시고 걸음을 멈추신다. 이 '끼어든 사건'은 별로 중요하지 않은 일이 아니다. 이 일로 여인은 치유를 받았을 뿐 아니라 예수님이 모든 사람(회당장부터 12년 동안

혈루병을 앓던 여인까지)을 위해 오셨다는 사실을 분명하게 보여 주는 역할을 한다. 계급, 정결함, 사회적 지위, 성, 나이, 도움의 필요를 느끼는 정도, 이 모든 것은 그리스도께 아무런 문제가 되지 않는다.

예수님이 이 이름 없는 여인과 이야기를 나누고 그녀를 회복하시는 동안, 야이로의 딸이 죽었다는 소식이 전해진다. "예수께서 그 하는 말을 곁에서 들으시고 회당장에게 이르시되 두려워하지 말고 믿기만 하라 하시고"(막 5:36). 야이로의 감정이 얼마나 기복이 심했을지 상상해 보라. 그가 예수님을 찾아가 기적을 구하는 데는 진정한 믿음의 행동이 필요했을 것이다. 예수님이 함께 가겠다고 하셨을 때 그는 분명 용기가 나고 소망이 넘쳤을 것이다. 그런 다음 너무 늦었다는 절망적인 소식을 들었을 때 그는 가슴이 찢어졌을 것이다. 그런데 예수님이 다시 개입하셔서 야이로의 마음을 위로하신다. "두려워하지 말고 믿기만 하라." 이 몇 마디 말로 예수님은 야이로에게 다시 한번 용기를 주시고 그들은 계속해서 어린 딸에게로 간다.

예수님은 베드로와 야고보와 그의 동생 요한 외에는 아무도 따라오지 못하게 하시고 그들과 함께 회당장의 집으로 갔다. 웅성거리는 가운데 사람들이 울며 몹시 통곡하는 것을 보시고 예수님은 안으로 들어가 "어째서 소란스럽게 우느냐? 그 아이는 죽은 것이 아니라 자고 있다" 하고 말씀하셨다. 그러나 그들은 예수님을 비웃었다. 예수님은 사람들을 다 내보낸 후 소녀의 부모와 데리고 간 제자들과 함께 소녀가 있는 방에 들어가셨다. 예수님은 소녀의 손을 잡고 "달리다굼!" 하셨는데 이 말은 "소녀야, 내가 너에게 말한다. 일어나라!"는 뜻이었다. 그러자 열두 살 된 그 소녀는 곧 일어나 걸어다녔다. 이것을 지켜 본 사람들은 너무 놀라 정신이 하나도 없었다. 예수님은 이 일을 아무에게도 알리지 못하게 단단히 주의시키신 후 소녀에게 먹을 것을 주라고 하셨다. (막 5:37-43, 현대인의성경)

야이로의 집에서 예수님은 군중을 나누신다. 기적을 바라며 그곳에 있는 것이 아닌 사람들을 다 내보내신다. 예수님은 조금도 의심을 허용하지 않으신다. 예수님은 죽음에 대해 신적인 분노를 느끼셨기에 그것을 정복하는 데 조금도 지체하지 않으실 것이다.

그들은 여인의 믿음이 없고, 아버지의 믿음을 훼손하려 한다. 소녀가 죽은 것이 아니라 잔다는 예수님의 선포는 비웃음과 조롱의 대상이 된다. 그들은 미치지 않았다. 그들은 누군가가 죽었다는 것을 알았다. 물론 야이로의 딸이 죽었다. 그러나 예수님은 난폭한 폭풍을 잔잔하게 하실 수 있고, 사나운 짐승 같은 사람을 고요하고 안정된 사람으로 바꿀 수 있고, 죽음을 고요한 잠으로 바꿀 수 있고, 비웃음을 기쁨의 웃음으로 바꿀 수 있으시다. 그들은 믿지 않았기에 밖으로 밀려났다. 비웃는 무리에게는 기적이 없을 것이다.[4]

예수님은 소녀를 살리시고 그녀의 가장 기본적인 필요를 돌보신다. 가족에게 이렇게 말씀하신다. "소녀에게 먹을 것을 주라." 예수님은 기적을 행하는 것에만 만족하지 않으시고 그 아이가 생기를 찾는 것을 보고 싶어 하신다.

### 나사로야, 나오너라

예수님이 죽은 나사로를 살리신 이야기는 상당히 잘 알려져 있다. 예수님은 자신의 친한 벗이 죽음의 기로에 놓였다는 소식을 듣고도 지체하시다가 나사로가 죽어서 이미 무덤에 든 지 나흘이 되어서야 나사로와 마리아와 마르다의 집으로 가신다.

예수님이 지체하신 것에 대해 나사로의 누이들은 어리둥절해한다. 그들은 예수님이 나사로를 사랑하신 것을 알았고 예수님이 늦게 도착하시지만 않았어도 자신들의 오라비가 살 수 있었을 거라고 믿었다. 그들은 예수님의 타이밍을 이해하지 못했다. 예수님은 나사로의 누이 마르다에게 "내 말이 네가 믿으면 하나님의 영광을 보리라 하지 아니하였느냐"(요 11:40)고 말씀하신다. 그다음 온 공동체가, 그리고 요한복음 11장의 기록을 통해 지금 우리까지도 하나님의 영광을 보게 된다. 예수님은 기도하신 후에 이렇게 외치신다. " 나사로야 나오라"(요 11:43). 죽은 사람이 아직 베옷을 감은 채로 걸어 나오자 예수님은 에워싸던 자들에게 말씀하신다. "풀어 놓아 다니게 하라"(요 11:44).

나사로의 이야기와 우리가 살펴본 다른 부활의 이야기들은 몇 가지 유사점이 있다. 예수님이 야이로의 집으로 가는 길에 지체하시는 동안 소녀가 죽었을 때와 마찬가지로, 이번에도 지체(이번에는 의도적인 지체)하시는 동안 나사로가 죽었다. 예수님은 기적을 행하려고 달려가지 않으신다. 1분이라도 지체하면 기적을 행하기 어려울 거라고 걱정하지 않으신다. 그분은 죽은 자를 살리시는 하나님의 능력을 전적으로 신뢰하신다. 결국 그분은 자신의 부활을 위해서도 3일을 기다리게 되실 것이다.

야이로의 딸의 기적과 나사로의 기적 두 경우에서 모두, 예수님은 사랑하는 사람들로부터 도움 요청을 받으신다. 두 경우 모두, 예수님이 지체하신 것으로 인해 극복하기 힘든 상황이 생기지만 그분은 사랑하는 이들에게 믿으라고 말씀하신다. 야이로, 마리아, 마르다에게, 그들의 소망이 좌절된 것처럼 보이는 상황에서도 자신의 사랑과 능력을 더욱 믿으라고 요청하신다. 그들에게 믿음을 붙드는 것이 말이 안 되어 보이는 상황에서도 예수님은 믿음을 붙들라고 요청하신다. 그들은 죽음을 이기시는 그분의 생명의 능력을 믿을 것인가?

'불쌍히 여기다'(compassion)라는 단어에 의로운 분노의 요소가 있었던 것이 기억나는가? 다른 이야기들에서 예수님이 보여 주신 분노/동정이 나사로의 죽음을 둘러싼 사건에서도 드러난다. 특히 요한복음 11장 33절을 보라. "예수께서 그가 우는 것과 또 함께 온 유대인들이 우는 것을 보시고 심령에 비통히 여기시고 불쌍히 여기사." 예수님은 상황이 안 좋게 된 것을 보시고 마음이 상하셨다. 예수님은 죽음이 가져오는 파괴와 고통을 미워하셨기에 그것이 자신이 사랑하는 이들을 가슴 아프게 하는 모습을 보고 싶어 하지 않으셨다. 마음이 깊이 동요된 예수님의 반응은 우는 것이었다. "예수님의 눈물은 그분이 깊이 느끼고 있던 분노와 연결되어야 한다. 주변의 혼란스러운 무질서, 몸부림치며 우는 울음, 장례식의 냄새, 죽음을 떠올리게 하는 것들, 그리고 이 모든 것이 죄와 죽음의 결과였다는 사실이 합쳐져 하나님의 아들 안에서 분노를 일으켰고, 그분은 그러한 피해를 되돌리기 위해 애를 쓰셨다."[5]

예수님은 나사로에게 일어나 무덤에서 나오라고 명령하심으로 죽음에 대한 자신의 권위를 보여 주신다. 그분은 자신이 일으킨 모든 사람에게 이와 같이 확고한 권위로 말씀하셨다. "청년아, 일어나라." "소녀야, 일어나라." "나사로야, 나오라." 태초에 하나님이 오직 말씀으로 무에서 생명을 창조하셨던 것처럼 예수님은 죽음을 이기고 생명을 재창조하기 위해 자신의 말씀을 사용하신다.

예수님은 죽음을 다스리는 권세를 가지고 계신다. 그리고 그분의 죽음과 부활은 구세주를 믿게 될 모든 사람에게 영생을 주시기 위해 죄의 결과를 궁극적으로 정복하는 것이었다.

예수님이 사역하던 당시 팔레스타인에서 죽은 모든 사람이 예수님에 의해 다시 살게 된 것은 아니었다. 예수님은 실제로 죽음을 다스리는 권세를 지니셨지만, 그분이 일시적으로 다시 살게 하신 사람들도 이 땅에서 죽었다는 사실을 기억하라. 하지만 하나님은 자신과 함께하는 영원한 길을 주셨다. 예수님은 하나님

나라의 문을 여셨다. 이 진리는 우리가 고통받고 있거나, 우리가 사랑하는 이들이 생명을 위협하는 질병이나 트라우마로 고통받고 있을 때 용기를 줄 수 있다.

믿음이 아무리 진실되거나 절박해도 모든 사람이 치유받거나 죽음에서 건짐받는 것은 아니라는 사실을 직시해야 한다. 우리는 고통의 순간을 넘어 예수님의 능력의 영원한 중요성을 바라보아야 한다. 그 능력은 현존하지만 아직 완성되지 않은 하나님 나라와 연관이 있다. 반면 우리는 병과 죽음으로 고통받을 것이다. 우리는 죽음을 이기는 하나님의 능력을 믿지만, 단순히 원래대로 복원되는 것은 아니다. 우리는 하나님은 우리와의 관계를 끊지 않으신다는 확고한 믿음으로 매일의 실존의 비극들을 직면할 수 있다.[6]

죽음에 직면해 있는가? 예수님이 당신의 귀향을 기다리고 계심을 알라. 그 약속이 여기 있다. "그의 경건한 자들의 죽음은 여호와께서 보시기에 귀중한 것이로다"(시 116:15). 예수님은 당신을 위해 죽으셨다. 그분이 완벽하게 죽음을 겪으셨기에 당신은 한 치의 의심도 없이 하나님께 사랑받고 받아들여지고 용서받았음을 알 수 있다. 그분은 당신이 겪는 고통을 아신다. 그분은 지금 바로 당신에게 공감하신다.

당신이 사랑하는 이의 죽음으로 인해 슬퍼하고 있다면 예수님도 죽음에 '깊이 동요되셨다'는 것을 기억하라. 그분은 우리가 끝나지 않을 것 같은 이 고통을 아는 것을 싫어하신다. 하나님이 어느 날 친히 당신의 눈물을 닦아 주실 것이고, 당신보다 앞서 간 모든 성도가 함께 일어나 부활의 하나님을 예배하게 될 것이다.

# 13

# 버림받은 자와 함께하신 예수님

예수님은 죄인들을 위해, 세리처럼 버림받은 자들을 위해,
추잡한 선택과 실패한 꿈에 붙들린 자들을 위해 오신다. _ 브레넌 매닝

"의사가 필요한 사람이 누구냐? 건강한 사람이냐, 병든 사람이냐?
내가 여기 있는 것은 영향력 있는 사람이 아니라 소외된 사람을 초청하려는 것이다.
변화된 삶, 곧 안과 밖이 모두 변화된 삶으로
그들을 초청하려는 것이다." _ 눅 5:31, 메시지성경

최근에는 공식적인 법으로 사람들을 '사회에서 내치지는' 않는다. 하지만 '내쳐진 사람'으로 여겨지는 사람들은 분명 있고, 우리는 소셜 미디어를 통해 온 세상을 향해 그들을 그렇게 부르는 데 거리낌이 없다. 실수를 하거나 뭔가 고의로 잘못해 보라. 그러면 당신은 아마 '삭제될 것이다.' 당신이 말하는 것, 당신이 생각하는 것은 중요하지 않다. 아니 본질적으로 당신 자체가 중요하지

않다. 이것이 '내쳐지다'(outcast)의 정의다. 당신은 무리 밖으로 밀려나고 아무도 당신 주변에 머물려고 하지 않는다. 그래서 사람들을 내치는 공식적인 법은 없지만 우리가 가는 곳마다 이런 사람들은 있기 마련이다. 정직히 말해, 우리도 우리 기준에 따라 누구는 끼워 주고 누구는 배제할지를 결정하는 이런 사회적 규정을 만들어 낸다.

대부분의 사람이 거부당하거나 배제당하는 것이 어떤 기분인지 알 것이다. 많은 사람이 불안과 두려움 때문에 더 나은 사회적 관계를 못 맺어서든 사람들의 잔인함과 판단 때문에 스스로 문 닫아서든 스스로 고립되어 있다고 느낀다.

예수님은 공동체 주변으로 밀려난 사람들을 향해 특별한 마음을 갖고 계셨다. 복음서 이야기는 소외된 자들을 향한 그분의 사랑을 잘 보여 주는데, 특히 우물가에서 사마리아 여인을 만난 이야기가 그렇다. 그 이야기는 이렇게 시작한다.

> 사마리아를 통과하여야 하겠는지라 사마리아에 있는 수가라 하는 동네에 이르시니 야곱이 그 아들 요셉에게 준 땅이 가깝고 거기 또 야곱의 우물이 있더라 예수께서 길 가시다가 피곤하여 우물 곁에 그대로 앉으시니 때가 여섯 시쯤 되었더라 사마리아 여자 한

사람이 물을 길으러 왔으매 예수께서 물을 좀 달라 하시니 이는 제자들이 먹을 것을 사러 그 동네에 들어갔음이러라(요 4:4-8)

우리에게는 이 만남이 일상적으로 보이겠지만 여기서 일어난 일은 사실 획기적이었고 당시의 정치적 올바름의 경계를 넘어서는 것이었다.

먼저, 이 이야기가 얼마나 그리스도의 인성을 보여 주는지 잠시 생각해 보라. 예수님은 피곤하셨고 쉼이 필요하셨다. 그때는 정오쯤으로 한낮의 태양이 뜨거웠다. 예수님과 제자들은 갈릴리로 가던 중이었는데, 예수님은 적절한 쉼을 필요로 하신다. 당신은 너무 완고하거나 너무 자만해서 "멈출 필요 없어! 난 괜찮아!"라고 말해 본 적이 있는가? 그러다 보면 정신적으로 무너지거나 다른 사람에게 폭발할 때까지 일을 밀어붙이게 된다. 우리는 자신의 연약함이나 필요를 인정하는 것을 너무나 싫어한다. 반면, 하나님이셨던 예수님은 제자들에게 사실상 이렇게 말씀하셨다. "멈춰서 좀 쉬어야겠다. 너희는 나 없이 가서 음식을 좀 구해 오너라."

예수님이 쉬시는 바람에 우물가에 모습을 나타낸 여인과 만날 기회가 생겼다. 이때는 여인들이 물을 길으러 나오는 시간이 아니었다. 대부분이 날이 선선한 아침 시간에 물을 길으러 나갔다. 또 같이 다니는 것이 더 안전하고 수다도 떨 수 있었기에 무리 지어 다녔다. 하지만 이 사마리아 여인은 일부러 정오에 우물로 나왔다. 그녀가 다른 여인들을 피한 것은 수치심 때문이었다. 그 여인은 소외된 자였다.

아마도 여인은 예수님이 우물가에 계신 것을 보고 당황하거나 깜짝 놀랐을 것이다. 여인은 예수님이 유대인이라는 것을 금방 알아봤다. 유대인과 사마리아인은 상종하지 않았다. 유대인과 사마리아인은 오랜 세월 종교적인 실천을 달리하다 보니 서로를 미워하고 있었다. 서로가 자신들을 상대보다 낫다고 생각하고 있었다. 두 그룹 사이에는 실제적이고 뿌리 깊은 인종차별이 존재하고 있었다. 여인은 아마도 유대인을 불친절하고 거들먹거리는 사람들로 생각했을 것이다. 여인은 유대인으로부터 이런 취급을 받는 것에 익숙했지만 그렇다고 고통이 무뎌지는 것은 아니었다.

### 대화

그러니 예수님이 "물을 좀 달라"고 말을 걸어왔을 때 여인이 얼마나 놀랐겠는가. 우리에게는 이 말이 거슬릴 수도 있다. 만일 내가 우물에서 그날 필요한 물을 긷고 있는데 어떤 사람이 와서 이런 말을 한다면 나는 자동적으로 "당신이 알아서 드세요!"라고 했을 것이다.

하지만 여기서 예수님이 하신 행동은 혁명적이었다. 먼저, 그분은 남자인데 여자에게 말을 건네고 있다. 문화적으로 이것은 놀라운 일이었다. 남자들은 모르는 여자에게 말을 걸지 않았다. 왜냐하면 여자들은 열등한 존재라고 여겨졌기 때문이다. 유대인 남자는 관계없는 여자에게 말을 거는 것은 부적절하다고 여겼다. 이 행동은 논란을 일으킬 수 있었다.

두 번째로, 예수님은 유대인이시면서 사마리아인에게 말을 서셨다. 이 두 민족 사이의 뿌리 깊은 인종차별이 둘 사이의 대화를 가로막고 있었다. 우리에게는 퉁명스러워 보이는 이 명령("물을 좀 달라")이 사실은 오히려 다가가는 몸짓이었다. 예수님의 이 한 문장은 인종차별주의, 성차별주의, 종교차별주의를 모두 불식한다. 예수님의 행동은 이성이냐 동성이냐에 따라 관계 맺는 방법이 달라지지 않는다는 것을 보여 준다. 그분의 행동은 같은 인종이냐 아니냐에 따라서도 관계 맺는 방법이 달라지지 않는다는 것을 보여 준다. 종교적 신념도 마찬가지다. 예수님은 무엇보다도 각 사람을 한 사람으로 보신다.

예수님은 또한 여인이 사용하던 컵으로 물을 마시겠다고 요청하신다(청결에 강박적인 사람은 이 부분을 싫어할 것이다). 예수님은 사마리아 여인에게 그 정도로 가까이 가고자 하신다!

예수님이 여인에게 다가가신 방법은 겸손하고 온유한 방법이었다. 그분은 목마르다는 자신의 필요를 인정하신다. 그분은 사마리아 여인을 한 인간으로 인정하신다. 그럼에도 여인은 즉각 방어에 나선다. "당신은 유대인으로서 어찌하여 사마리아 여자인 나에게 물을 달라 하나이까 하니 이는 유대인이 사마리아인과 상종하지 아니함이러라"(요 4:9). 여인이 거의 자동적으로 보인 반응은 이 이방인보다 앞서 스스로를 소외된 사람의 범주(사마리아인, 여자)에 넣는 것이었다. 여인은 소외된 자로 취급받을 거라 지레짐작했다. 늘 그런 대우를 받았기 때문이다.

아, 하지만 여인은 예수님에 대해 얼마나 잘못 알고 있었던가! 예수님이 여인과 대화를 하려고 하신 것은 전적으로 그 여인이 새로운 삶을 살게 하려는 사랑 때문이었다.

예수께서 대답하여 이르시되 네가 만일 하나님의 선물과 또 네게 물 좀 달라 하는 이가 누구인 줄 알았더라면 네가 그에게 구하였을 것이요 그가 생수를 네게 주었으리라 여자가 이르되 주여 물

> 길을 그릇도 없고 이 우물은 깊은데 어디서 당신이 그 생수를 얻겠사옵나이까 우리 조상 야곱이 이 우물을 우리에게 주셨고 또 여기서 자기와 자기 아들들과 짐승이 다 마셨는데 당신이 야곱보다 더 크니이까(요 4:10-12)

예수님은 물 한 잔을 요구하시지만, 그다음 물보다 훨씬 큰 것을 주신다. 예수님은 여인에게 자기 자신을 주신다. 예수님은 여인에게 하나님과의 관계를 통한 구원을 보게 하신다. "이 물을 마시는 자마다 다시 목마르려니와 내가 주는 물을 마시는 자는 영원히 목마르지 아니하리니 내가 주는 물은 그 속에서 영생하도록 솟아나는 샘물이 되리라"(요 4:13-14).

여인의 질문은 예수님의 방향을 돌리지 못한다. 그분은 사명 안에 있었다. 유대인들이 혐오하는 사마리아인들을 만나지 않으려고 다른 길로 갔듯이 예수님도 그렇게 하실 수 있었다. 하지만 그분은 그러지 않으셨다. 그분은 이 순간 이 우물가에 있고자 하셨다. 예수님과 우물가의 여인이 대화하는 것은 영원 전부터 신적 약속으로 정해져 있었던 것이다. 여인이 살면서 만난 다른 남자들은 무언가를 얻어 내려고 그녀를 원했지만, 예수님은 여인에게 영생을 주고자 하셨다.

여인은 이렇게 반응한다. "주여 그런 물을 내게 주사 목마르지도 않고 또 여기 물 길으러 오지도 않게 하옵소서"(요 4:15). 기본적으로 여인은 예수님이 영적인 차원에서 말씀하시는 것을 몰랐기 때문에 이 반응은 자연스러운 것이었다. 여인은 기본적으로 이렇게 말한 것이다. "좋습니다. 당신이 말씀하시는 그 물을 제게 주십시오. 여기 다시 물 길으러 오지 않고 다시 목마르지도 않게 된다면 정말 좋겠습니다."

예수님은 여인이 자신의 말을 이해하지 못하고 있다는 것을 아셨기에 대화를 더 흥미롭게 이끌어 가신다.

> 이르시되 가서 네 남편을 불러 오라 여자가 대답하여 이르되 나는 남편이 없나이다 예수께서 이르시되 네가 남편이 없다 하는 말이 옳도다(요 4:16-18)

예수님은 분명 사람들이 자신에게 집중하도록 그들을 놀라게 하는 능력이 있으셨다. 오늘날 우리가 듣기에는 예수님이 수년간 행해진 여인의 잘못된 행동을 꾸짖으시는 것처럼 들릴지 모르겠다. 하지만 사실 예수님은 여인의 안 좋은 상황에도 그녀에게 소망을 주시고자 불쌍히 여기는 마음으로 손을 내미신 것이다. 아마 여인은 이 남자 저 남자를 전전했을 것이다. 남자들은 여인을 이용하고는 이혼했다. 오늘날 우리가 생각하는 그런 이혼이 아니었다. 양측이 합의한 가운데 위자료를 받고 사회적 지위도 유지되는 이혼이 아니었다. 여인에게는 또 다른 남자를 만나서 결혼하는 것 외에는 다른 방법이 없었을 것이다. 여인은 경제적으로 살아남기 위해 연이어 결혼해야 했을 것이다. 만일 여인이 간음을 저질렀다면(율법에는 죽이라고 되어 있다) 훨씬 심각한 결과를 초래했을 것이기에, 추측하건데 여러 남편이 있었다는 것은 사별했거나 남자 쪽이 일방적으로 관계를 끝낸 경우였을 것이다. 여인이 여러 번 결혼한 이유가 무엇이든, 결국 여인은 자신을 돌봐 줄 좋은 배우자를 찾을 수 없었다. 지금 "있는" 남자는 심지어 결혼식도 올리지 않으려 했다. 어떤 남자도 그 여인에게 이기적이지 않은 사랑과 헌신을 주지 않았다.

여인이 예수님더러 선지자라고 말한 것이 비꼬려고 한 말이었는지 아니면 진심 어린 고백이었는지 확실치 않지만, 그녀는 바로 주제를 바꾼다. "주여 내가 보니 선지자로소이다 우리 조상들은 이 산에서 예배하였는데 당신들의 말은 예배할 곳이 예루살렘에 있다 하더이다"(요 4:19-20). 여인은 자신의 개인사에 대해 이야기하는 것을 멈추고 유대인과 사마리아인 사이의 차이로 대화의 주제를 바꾸는 것이 좋겠다고 판단한 것 같다. 늘 그렇듯 대화의 주제를 바꾸는 것은 그녀가 숨으려고 자주 쓰던 방법이었다(그녀는 늘 대중의 눈에서 벗어나 있었다).

예수님은 다정하게 그 주제를 받아 주시면서 더 많은 것을 제시하신다.

> 여자여 내 말을 믿으라 이 산에서도 말고 예루살렘에서도 말고 너희가 아버지께 예배할 때가 이르리라 너희는 알지 못하는 것을 예배하고 우리는 아는 것을 예배하노니 이는 구원이 유대인에게서 남이라 아버지께 참되게 예배하는 자들은 영과 진리로 예배할 때가 오나니 곧 이 때라 아버지께서는 자기에게 이렇게 예배하는 자들을 찾으시느니라 하나님은 영이시니 예배하는 자가 영과 진리로 예배할지니라(요 4:21-24)

예수님은 여인이 유대인과 사마리아인의 예배 관습이라는 주제보다 더 깊이 들어가기를 원하신다. 예수님은 여인 스스로 하나님을 예배하는 것에 대해 생각하기를 원하신다. 예수님은 하나님 나라를 말씀하시며 여인을 초대하신다. 하나님은 모든 것을 변화시키시는 분이기에 어디서든 예배할 수 있다고 예수님은 말씀하신다. 우리가 예배하는 장소는 더 이상 문제되지 않는다. 중요한 것은 우리가 예배하는 대상이 누구인지 그리고 어떻게 해야 진정한 예배를 드릴 수 있는지다.

여인은 모든 예상을 뒤엎고 자신이 사마리아 한낮의 태양 아래서 이야기를 나누는 이 사람이 실제로 메시아이기를 바라는 것처럼 이렇게 말한다. "메시야 곧 그리스도라 하는 이가 오실 줄을 내가 아노니 그가 오시면 모든 것을 우리에게 알려 주시리이다"(요 4:25). '약속된 이'이신 메시아가 오시면 모든 것을 바로잡으실 것이다.

우물가의 여인은 약속된 메시아에 대해 많은 것을 알지 못했을 것이다. 왜냐하면 사마리아인은 구약 오경만 경전으로 공부했기 때문이다. 여인은 메시아가 그녀의 죄를 짊어지고 그녀 대신 고난받을 것이라고 알지 못했을 것이다. 여인은 "상한 갈대를 꺾지 아니하며 꺼져가는 등불을 끄지 아니하고 진실로 정의를 시행할 것이며 그는 쇠하지 아니하며 낙담하지 아니하고 세상에 정의를 세우기에 이르리니 섬들이 그 교훈을 앙망하리라"(사 42:3-4)와 같은 다른 성경에 근거한 메시아 예언을 들었을지 모른다. 아니면 "여호와는 마음이 상한 자를 가까이 하시고 충심으로 통회하는 자를 구원하시는도다"(시 34:18)와 같은 시편 말씀을 들었을 것이다. 여인은 시편 22편에서 말하듯이 메시아가 하나님께 버림받았기에 소외된 자들의 마음을 아신다는 이야기를 들었을까?

여인이 약속된 메시아에 대해 무엇을 알았든, 여인 스스로는 아무런 희망도 가지지 않았던 것 같다. 여인이 살면서 한 경험들은 희망은 늘 실망하게 만든다고 믿게 만들었다. 여인은 결혼을 할 때마다 이 사람은 자신을 돌봐 주기를, 자신을 인간으로 대해 주기를, 자신을 존중하고, 자신을 이용하기보다 사랑해 주기를 원했을 것이다. 여인은 우물가에서 만난 남자가 정말로 메시아일 거라고는 실제로 믿지 못했을 것이다. 그러나 그녀의 말에는 간절히 바라는 아픔이 담겨 있다.

그리고 예수님은 여인에게 이렇게 말씀하신다. "네게 말하는 내가 그라"(요 4:26).

예수님이 누군가에게 자신이 누구인지 드러내신 첫 번째 경우다. 이 소망은 그녀를 수치스럽게 하지 않는다. 왜냐하면 하나님의 사랑이 그녀에게 주신 성령을 통해 그녀의 마음에 부어졌기 때문이다(롬 5:5). 예수님은 멸시받고, 거부당하고, 수치를 당하고, 눈에 잘 띄지 않는 소외된 자인 사마리아 여인을 선택하신다. 예수님은 역사상 가장 놀라운 소식, 최고의 소식을 여인에게 들려주신다. 바로 그분이 여인을 죄에서 구원할 이라는 것이다.

### 회심

사마리아 여인은 예수님이 주신 생수를 벌컥 마셨고 그 생수는 예수님이 말씀하신 대로 그녀 안에서 솟아났다.

> 여자가 물동이를 버려 두고 동네로 들어가서 사람들에게 이르되 내가 행한 모든 일을 내게 말한 사람을 와서 보라 이는 그리스도가 아니냐 하니 그들이 동네에서 나와 예수께로 오더라(요 4:28-30)

이 사랑스러운 여인은 물동이도 버려눈 재 선에는 피하려고 에쓰던 사람들을 만나러 곧장 달려간다. 여인은 너무 서두르다 보니 우물에 왔던 이유도 잊고 그냥 가 버린다.

여인은 오랫동안 수치의 짐을 지고 있었다. 그리고 아마도 이웃들에게 지금 우물가에 앉아 있는 사람이 바로 메시아라는 말을 전하러 달려갈 때도 그 짐은 그대로 있었을 것이다. 여인은 이웃들에게 말한다. "내가 행한 모든 일을 내게 말한 사람을 와서 보라." 여인의 증언은 "이분이 나를 **보고 있었어**"라는 의미다. 여인은 확신에 차서 마을 사람들을 예수님이 있는 우물가로 데리고 간다. 자신도 모르게 그렇게 한다. 여인은 기쁜 소식을 나누지 않고는 견딜 수 없었다. 정말 좋아하는 것은 자꾸 이야기할 수밖에 없다. 마을로 먹을 것을 구하러 내려갔던 제자들은 예수님을 소개하기 위해 아무도 우물가로 데려오지 않았다. 하지만 사마리아 여인은 데리고 왔다. 비웃음을 받고 수치를 당하고 결혼도 하지 못했고 아마도 아이도 없었을 이 여인은 놀라운 전도자로 바뀌어 있었다.

교회가 너무나 자주 무시하거나 귀하게 여기지 않는 여성의 유형을 예수님은 귀하게 여기신다. 예수님은 사마리아 여인을 메시아와의 관계로 초대하셨다. 예수님은 이렇게 말씀하셨다. "와서 마셔라. 와서 영과 진리로 예배하라. 내가 온전히 인간이듯 너도 온전히 인간이 되어라. 나는 너를 다 보고 있다. 너의 숨겨진 부분들, 네가 부끄러워하는 부분들, 너무 아파서 인정할 수 없는 부분들을 나는 보고 있다. 내가 그것을 안다. 내가 너를 치유할 것이다. 내가 바로 네가 찾던 그 사람이다."

당신은 다른 사람들을 피하거나 소외당하고 있는가? 예수님은 오늘 당신에게도 동일한 말씀을 하신다. 당신의 우물에서, 그곳이 어디든, 그분을 만나라. 깨어진 부분들 혹은 수치스러운 부분들을 예수님께 보이라. 그분이 이미 알고 있다고 말씀하시는 것을 듣고 그분과의 깊은 관계 속으로 들어가라. 그런 다음 다른 사람에게 가서 전하라. 당신이 받은 똑같은 친절과 사랑으로 그들을 대하라. 이 생수를 충분히 마시고 다른 사람과 나누라.

# 14

## 율법 고수자와 함께하신 예수님

> 죄인들의 유일한 희망인 그리스도로부터 멀어지기는 쉽다. …
> 길을 잃었지만 적절한 지침과 동기를 부여하면 더 나은 사람이 될 수 있는
> 선한 사람에게는 구원자가 아니라 인생 코치만 있으면 된다. _ 마이클 호턴

> 예수께서 그를 보시고 사랑하사 이르시되
> 네게 아직도 한 가지 부족한 것이 있으니
> 가서 네게 있는 것을 다 팔아 가난한 자들에게 주라
> 그리하면 하늘에서 보화가 네게 있으리라 그리고 와서 나를 따르라 _ 막 10:21

규칙은 공동체 삶에서 좋고 꼭 필요한 부분이다. 사회에서 함께 잘 지내려면 규칙이 필요하다. 하지만 규칙은 그 자체가 목적이 되어서는 안 된다. 삶의 규칙들이 삶을 주신 분에게서 우리 눈을 떼게 한다면 절대 좋은 것이 아니다.

우리를 위해 주신 하나님의 율법을 따르는 것은 분명 좋은 일이다! 문제는 규칙을 따르는 사람은 그 사실로 인해 교만하게 된

다는 것이다. 율법 고수자들은 예수 그리스도께서 완성하신 일에 의지하기보다는 자신들이 의롭다고 생각하거나 율법이 하나님과 바른 관계를 맺게 해 준다고 생각하는 경향이 있다.

예수님이 말씀하신 다음의 비유는 예수님이 율법 고수자들을 대하는 모습을 보여 준다.

> 또 자기를 의롭다고 믿고 다른 사람을 멸시하는 자들에게 이 비유로 말씀하시되 두 사람이 기도하러 성전에 올라가니 하나는 바리새인이요 하나는 세리라 바리새인은 서서 따로 기도하여 이르되 하나님이여 나는 다른 사람들 곧 토색, 불의, 간음을 하는 자들과 같지 아니하고 이 세리와도 같지 아니함을 감사하나이다 나는 이레에 두 번씩 금식하고 또 소득의 십일조를 드리나이다 하고 세리는 멀리 서서 감히 눈을 들어 하늘을 쳐다보지도 못하고 다만 가슴을 치며 이르되 하나님이여 불쌍히 여기소서 나는 죄인이로소이다 하였느니라 내가 너희에게 이르노니 이에 저 바리새인이 아니고 이 사람이 의롭다 하심을 받고 그의 집으로 내려갔느니라 무릇 자기를 높이는 자는 낮아지고 자기를 낮추는 자는 높아지리라 하시니라(눅 18:9-14)

여기 나온 바리새인은 율법을 따르다가 하나님의 자비에 의지해야 한다는 것을 잊어버리고 말았다. 반면, "하나님이여 불쌍히 여기소서 나는 죄인이로소이다"라고 부르짖은 세리는 의롭게 되어 집으로 돌아갈 수 있었다. 그가 의롭다 칭함 받은 것은 그가 한 일이 아닌 하나님으로부터 온 것이었다.

### 부유한 청년 관원

규칙이 아니라 그리스도를 따라야 한다는 이 생각은 마가복음 10장의 부자 청년 관원 이야기에 분명하게 드러난다.

> 예수께서 길에 나가실새 한 사람이 달려와서 꿇어 앉아 묻자오되 선한 선생님이여 내가 무엇을 하여야 영생을 얻으리이까 예수께서 이르시되 네가 어찌하여 나를 선하다 일컫느냐 하나님 한 분 외에는 선한 이가 없느니라 네가 계명을 아나니 살인하지 말라, 간음하지 말라, 도둑질하지 말라, 거짓 증언 하지 말라, 속여 빼앗지 말라, 네 부모를 공경하라 하였느니라 그가 여짜오되 선생님이여 이것은 내가 어려서부터 다 지켰나이다 예수께서 그를 보시고 사랑하사 이르시되 네게 아직도 한 가지 부족한 것이 있으

니 가서 네게 있는 것을 다 팔아 가난한 자들에게 주라 그리하면 하늘에서 보화가 네게 있으리라 그리고 와서 나를 따르라 하시니 그 사람은 재물이 많은 고로 이 말씀으로 인하여 슬픈 기색을 띠고 근심하며 가니라(마 10:17-22)

부유하거나 세속의 관점에서 성공한 사람들에게 흔히 보이는 유혹은 자기 확신에 빠지는 것이다. 때로는 자신들이 지금 이 자리에 있게 된 것은 세상 물정에 밝은 자신의 능력 때문이라고 생각하여 과도한 확신을 갖게 된다. 이 부유한 청년 관원은 예수님을 "선한 선생님"이라고 부르며 확신 있는 모습으로 찾아온 것 같다. "하나님 한 분 외에는 선한 이가 없느니라"는 예수님의 대답은 청년이 갖고 있던 불균형을 간파한 것으로 보인다. 학자들은 예수님이 하나님의 성품에 관한 이 일말의 진실을 말씀하신 것은 청년으로 하여금 하나님이 누구신지 보고, 그다음 예수님이 진실로 어떤 분인지 보게 하려는 것이었다는 데 동의한다. 예수님은 **정말로** 선한 선생님이시다. 하나님이 정말로 선하신 것과 똑같이 선하시다. 예수님은 이 사람의 초점을 그를 구하실 수 있는 유일한 분에게로 돌리려고 하셨다.

약간 퉁명스러운 이 대답은 이 만남으로 인해 제기된 핵심 문제에 닿게 한다. 청년의 인사말에는 우리의 인간적인 자원과 성취 안에서 선을 발견할 수 있다는 가정이 깔려 있다. 아마도 청년은 스스로를 '선하다'고 생각하고 한 선한 사람이 다른 선한 사람에게 질문하는 것으로 여겼을 것이다. 그는 자신의 선함이 어떻게 해야 영생에서도 제대로 인정받을지를 알고 싶었던 것이다. 그는 예수님이 이런 최소한의 의심을 덜어 주고 혹시나 있을지 모르는 걱정스런 부분들을 알려 주셨으면 했다. 장면이 전개되면서, 하나님의 요구는 청년이 생각했던 것보다 훨씬 대가가 큰 것임이 드러났고, 예수님의 가르침은 또 다른 역설을 드러낸다. 즉 신함과 구원은 우리의 열심에서 나오지 않고 오직 하나님이 주시는 선물이라는 것이다.[1]

예수님은 청년에게 **선하다**라는 단어가 정말로 무슨 의미인지 잘 생각해 보라고 요구하신다. 예수님은 오직 하나님만 선하시다라고 말씀하면서 자신이 하나님이라는 사실을 부인하신 것이 아니다. 오히려 예수님은 청년에게 진짜 선, 실제적이고도 깊은 선은 오직 하나님만 성취할 수 있는 것임을 알게 하신다. 그리고 예수님은 이 진짜 선을 몸으로 구현하셨다.

### 내가 무엇을 해야 합니까?

예수님은 "내가 무엇을 하여야 영생을 얻으리이까"라는 부자 청년 관원의 질문에 답하시는데, 처음에는 율법으로 하시고 이어서는 복음으로 하신다.

청년은 정당하게 이렇게 물었다. "내가 무엇을 해야 합니까?" 그는 정말로 자신이 성취할 수 있는 무언가가 있다고 생각했다. 예수님은 그가 예상했던 대로 그리고 어찌 보면 반가울 수 있는 방식으로 대답을 하신다. 예수님은 청년에게 다섯째, 여섯째, 일곱째, 여덟째, 아홉째 계명을 지키라고 말씀하신다. 흥미롭게도 예수님이 청년에게 지키라고 하신 명령들은 우리가 다른 인간에게 해야 하는 행동들, 모두 외적으로 행해야 하는 명령들이다. 청년은 이 대답에 매우 기분이 좋아졌다. 그는 즉시 이렇게 말한다. "이것은 내가 어려서부터 다 지켰나이다."

청년은 율법을 잘 알고 있었다. 그는 계명을 알고 있었고 어려서부터 이 계명을 지키기로 결심했다. 그의 마음은 예수님의 말씀에 성급하게 반응했을 것이다. 아마 이렇게 생각했을 것이다. "그래, 나를 봐! 해냈어!" 그는 이번 장을 시작하면서 읽었던 '안일하게 자신들의 도덕적 행위에 스스로 만족하던' 사람들과 같았다. 예수님의 다음 말은 그의 자존심에 큰 타격을 주었을 것이다.

예수님은 그의 자기 인식적인(self-perceived) 선함에 대해 다음과 같이 반응하신다.

### 보시고 사랑하시다

예수님은 자기 확신에 찬 청년에게 어떻게 반응하시는가? "예수께서 그를 보시고 사랑하사"(막 10:21). 예수님은 그를 사랑하신다. 예수님을 그를 보신다. 예수님은 청년이 자신이 모든 것을 두루 갖췄다고 생각한다는 것을 아시고 그를 불쌍히 여기신다. 복음서 기자로서 마가는 '사랑하다'라는 단어를 가볍게 던지지 않았다. 예수님이 누군가를 사랑했다고 마가가 기록한 유일한 곳이 이 부분이다. 리처드 렌스키는 이렇게 말한다.

> 마가는 '사랑하다'에 해당하는 더 고차원적인 단어, 말하자면 '아가판'(ἀγαπᾶν)을 사용하는데, 관련된 모든 것을 이해하고 비참한 상태에 있는 사람을 도우려는 고상하고 지적인 목적을 가진 사랑을 뜻하는 단어다. 이것은 단순히 '좋아하다'라는 뜻을 가진 '애정'(φιλεῖν)이라는 단어의 의미를 훨씬 뛰어넘는다. 예수님이 지금 청년에게 말해 주는 모든 것은 그를 향한 더 높은 차원의 사랑의

표현이다. 예수님이 하시는 모든 말씀 속에서 청년을 온전히 알고 그를 도울 완벽한 목적을 엿보게 된다.[21]

예수님은 이 청년을 사랑하셨는데 그에게는 예수님의 사랑이 필요했기 때문이다. 예수님이 그를 사랑하신 것은 그가 모든 규칙을 다 지켰거나 적어도 그렇다고 생각했기 때문이 아니었다. 예수님의 마음이 그를 향해 움직이셨던 것이다.

(사실은 아닌데) 자기가 다 잘하고 있다고 생각하는 사람을 만나면 내가 보일 첫 반응이 사랑과 은혜는 아닐 것이다. 하나님의 모든 율법을 다 지켰다고 말하는 사람을 만나면 아마 상당히 불쾌한 반응을 보일 것 같다. 아이러니하게도 나는 이 율법을 완벽하게 지키지 못하는 걸 이미 알기 때문에 그렇게 독선적일 이유가 없는데도 말이다. 반면 예수님은 청년의 면전에서 비웃을 수 있으셨다. 예수님은 하나님의 율법을 모두 완벽하게 따랐고 율법의 조문 그 이상으로 순종하셨다. 예수님의 마음은 율법의 핵심 그 자체였다.

예수님은 이 청년을 사랑하셔서 그의 자기 인식을 바꿔 주려고 하신다. 예수님은 말씀하신다. "네게 아직도 한 가지 부족한 것이 있으니 가서 네게 있는 것을 다 팔아 가난한 자들에게 주라 그리하면 하늘에서 보화가 네게 있으리라 그리고 와서 나를 따르라 하시니 그 사람은 재물이 많은 고로 이 말씀으로 인하여 슬픈 기색을 띠고 근심하며 가니라"(막 10:21-22). 예수님은 이 사람을 그의 한계까지 끌고 가신다. 그의 모든 선한 일의 끝에서 예수님은 그를 기다리고 계신다. 예수님은 그에게 모든 것을 팔고 자기를 따르라고 말씀하신다. 이 말은 청년의 마음을 아프게 한다. 성경 본문은 청년이 재산이 많았다고 전한다. 그는 예수님보다 자신의 부를 더 사랑했다. 그는 예수님을 따르고 싶어 하기보다 자신의 부를 따르고 싶어 했다.

마가복음에서 예수님을 따르라는 초대에 누군가가 거절한 유일한 사례다. 모든 것을 다 가진 것처럼 보였던, 계명에 순종하기 위해 스스로를 훈련했던 이 사람은 그리스도를 따르기 위해 자신의 부를 포기할 수 없었다. 이 사람은 자신의 선함이 충분히 선하지 않다는 것을 알게 된다. 그는 다른 사람의 선함이 필요하다. 그는 영생을 얻기 위해 그의 인생을 덮는 그리스도의 선함이 필요하다. 이 사람에게 필요한 것은 완전한 변화이지 몇몇 규칙을 외적으로 지키는 것이 아니다. 그 깨달음은 엄청난 충격이었다. 그는 슬퍼하며 떠난다. 자신의 부와 '선함'이 그에게는 영생보다 더 의미가 있었다.

우리는 본능적으로 외적으로 행하는 것이 중요하다고 생각하는 경향이 있다. "내가 친절하고 정직한 사람이 될 수만 있다면 모든 것이 괜찮을 거야." 하지만 우리를 위해 주신 하나님의 율법을 따르는 것이 중요하기는 해도 그분의 율법이 우리를 구원하는 것은 아니다. 그분의 아들이 우리를 구원한다.

마가는 몇 장 앞에서 지금 우리가 살펴본 부유한 청년 관원과의 대화의 전조가 되는 바리새인들과의 대화를 기록한다. 마가복음 7장에서 예수님은 종교 지도자들과 무엇이 사람을 깨끗하고 더럽게 하는지에 대해 이야기를 나누신다. 종교 지도자들은 예수님의 제자들이 씻지 않은 손으로 음식을 먹는 것(그들의 많은 율법 중 하나를 어기는 행동이었다)을 보고 화를 낸다. 그러자 예수님은 그들에게 정말로 중요한 것이 무엇인지를 가르치신다. 먹기 전에 손을 씻는 것을 지키는 일이, 영혼을 선하고 정결하게 하기 위해 우리가 할 수 있는 일이 없다는 것을 인정하는 것보다 훨씬 쉽다. 우리는 자신의 힘을 의지하는 것을 좋아한다. 우리는 우리 자신 안에 있는 것 말고 다른 어떤 것이 필요하다는 것을 인정하기를 싫어한다. 우리는 연약함과 필요를 인정하는 것을 싫어한다.

예수님은 바리새인들이나 율법 고수자들에게 기본적으로 이렇게 말씀하신 것이다. "외부에서 사람 안으로 들어가는 것은 그를 더럽힐 수 없지만 사람 안에서 나오는 것이 그를 더럽힌다." 우리에게는 먹기 전에 손을 씻지 않은 것보다 더 깊은 문제가 있다. 우리에게는 규칙을 따르지 않는 것보다 더 깊은 문제가 있다. 우리 문제는 우리 마음 자체가 깨끗하지 않다는 것이고 그래서 우리에게는 우리를 모든 불의에서 깨끗하게 해 줄 누군가가 필요하다는 것이다.

만일 죄가 나의 외적인 행동으로 통제할 수 있는 어떤 것이라면, 왜 내게 구세주가 필요하겠는가? 앨런 콜은 이에 대해 자세히 말한다. "예수님은 죄가 암처럼 유대인과 비유대인 모두 똑같이 우리 안에서 계속 자란다고 가르치셨다. 다른 사람으로부터 '감염'만 되지 않으면 되는 것이 아니기에 더 다루기 힘들다. 우리 내적 본성을 바꿀 급진적인 영적 수술이 필요하다."[3]

당신이 모든 규칙을 지키고 있다고 생각한다면, 구원을 위해 당신 자신만을 의지하고 있다면, 혹은 당신 자신의 선함이 가장 중요하다고 생각하다면, 예수님이 당신을 보시고 사랑하신다는 것을 알라. 당신은 분명 피곤하고 화가 나고 슬플 것이다. 그분은 당신이 자기 구원 프로젝트를 포기하고 그분이 기다리고 있는 곳으로 오라고 요청하신다. 당신 자신의 선함으로 충분하다고 생각하는 것을 멈추고 당신을 향한 그리고 당신을 위한 그분의 선함을 신뢰하라고 요청하신다.

　마르틴 루터의 다음 말은 유명하다. "하나님에게는 당신의 선한 일이 필요하지 않지만 당신의 이웃에게는 필요합니다."[4] 이런 이유로 예수님은 부자 청년에게 그가 가진 모든 것을 팔아 가난한 자들에게 주라고 말씀하셨던 것이다. 당신이 ('옳은 일을 해야 하나님이 나를 사랑하실 거야'라는 생각이 아니라) 사랑의 마음으로 다른 사람을 사랑할 때 당신의 사랑은 놀랍도록 관대해지고 자유로워질 것이다. 자신을 선하게 보이려고 하거나 하나님께 잘 보이려는 목적으로가 아닌 사랑의 마음에서 줄 때, 그 사랑은 은혜로 가득하게 될 것이다. 노력해서 사랑을 얻는다고 생각하지 않을 때, 다른 사람에게도 그렇게 하라고 하지 않을 것이다. 이처럼 깊은 자유가 당신을 기다리고 있다.

　당신이 가진 모든 것을 포기하라. 당신이 의지하는 모든 것을 포기하라. 그분을 따르라.

## 15

# 자신을 미워하는 자와 함께하신 예수님

> 사랑은 그 안에 구속의 힘이 있다. 그리고 거기에는 결국
> 사람을 변화시키는 힘이 있다. … 이런 이유로 예수님은 사랑을 말씀하신다.
> 사랑에는 세우고 창조하는 무언가가 있다.
> 미움에는 무너뜨리고 파괴하는 무언가가 있다. 그러니 원수를 사랑하라.
> _ 마틴 루서 킹 주니어

> 너희 원수를 사랑하며 너희를 박해하는 자를 위하여 기도하라 _ 마 5:44

아마 지금쯤이면 예수님이 얼마나 사랑이 많으셨고 얼마나 많은 사람에게 사랑을 받으셨는지 느낌이 왔을 것이다. 그분의 사랑은 수많은 사람 안에서 사랑을 만들어 냈다. 하지만 또 한편 사람들이 얼마나 예수님을 미워했는지도 말하지 않을 수 없다. 당시 종교 지도자들이야말로 예수님을 경멸하고 모함한 장본인들이었다. 성경을 읽으면서 우리 자신은 이 종교 지도자들과 다르

다고 생각할지 모르겠다. 우리는 자신을 예수님을 사랑하고 따랐던 사람들과 같다고 생각한다. 그러나 시간을 내서 우리 마음과 태도를 살펴보고 우리가 만일 예수님과 함께 같은 도시를 걷고 있었다면 우리는 어느 쪽에 섰을지 물어보는 연습을 하는 것이 좋을 것이다.

### 바리새인들은 누구였나?

바리새인에 대해서는 이미 다 알고 있다고 생각해서 이 질문을 그냥 지나치려는 유혹을 받을지 모른다. 하지만 당신이 아는 바를 더 확장시키려 한다. 바리새인들은 유대인 사이에서 미움받던 그룹이 아니었다. 그들은 공동체 안에 속해 있던 훌륭하고 강직한 시민이었다. 어느 누구도 그들의 도덕성이나 그들의 유대교와 토라에 대한 헌신에 의문을 제기하지 않았다. 그들은 강력한 세력이었다. 그들은 칭송을 들었다. 그들은 함께 있는 것이 꺼려지는 그런 사람들이 아니었다.

우리는 그들이 모든 율법을 다 지킨 사람들이라고 생각하는 경향이 있는데, 사실 그들은 율법을 다 지키는 것이 불가능하다는 것을 알고 있었다. 오히려 그들은 "인간 본성의 연약함을 알아보고 그 불가능할 정도로 높은 율법의 기준을 삶의 현실에 맞추기 위해 조율한"[1] 사람들로 보는 것이 더 정확할 것이다. 이런 점에서 볼 때, 왜 그들이 예수님을 그토록 미워했는지 설명이 된다. 그들은 하나님의 명령을 성취 가능한 것으로 만들고 싶어 했는데 예수님은 그렇게 하지 않으셨다. 예수님은 그들의 그런 생각을 허용하지 않으셨다. 예수님은 율법을 완벽하게 충족시킬 수 있는 유일한 분이었다. 예수님은 종교 지도자들이 하나님의 완전한 명령을 지나치게 단순화하는 것을 허용하지 않으셨다. "바리새인들의 규율은 너무 많고 짜증나는 것이었지만 적어도 그들이 지킬 수 있는 것이었다. … 그리고 자신의 죄에 대해 무뎌지다 보니 영적 안전이라는 잘못된 인식을 낳고 말았다. 하나님의 자비에 의지해야 할 필요성은 더 이상 중요하게 여겨지지 않았다."[2]

예수님이 이렇게 하신 것은 그들이 그들 자신을 의지하거나 그들의 율법 해석에 의지하지 못하게 하려는 것이었다. 예수님이 이렇게 하신 것은 그들이 자신들에게 정말로 무엇이 절실히 필요한지를, 아니 더 구체적으로 말해 하나님께 받아들여지는 데 그들 밖에 있는 누군가가 얼마나 절실히 필요한지를 보게 하기 위해서였다. 그들은 자신들의 행위에 근거해서 하나님 앞에서 바로 서거나 의롭게 여겨지기를 원했다. 이런 이유 때문에, 복음은 스스로 잘 살 수 있다고 생각하는 사람들에게는 어려운 단어다. 예수님은 율법이 그들을 구원할 수 없고 오직 예수님 자신만이 하실 수 있음을 솔직하게 말씀하셨다. 이런 이유로 그들은 예수님을 미워했다.

예수님이 종교 지도자들과 나눈 수차례의 대화를 살펴보면, 왜 예수님이 그들의 성질을 돋우셨는지 알 수 있다. 말하자면 예수님은 돌려서 말씀하지 않으셨다. 있는 그대로 말씀하셨다. 요한복음 10장 24-30절에 이러한 솔직한 대화가 기록되어 있다.

유대인들이 에워싸고 이르되 당신이 언제까지나 우리 마음을 의혹하게 하려 하나이까 그리스도이면 밝히 말씀하소서 하니 예수께서 대답하시되 내가 너희에게 말하였으되 믿지 아니하는도다 내가 내 아버지의 이름으로 행하는 일들이 나를 증거하는 것이거늘 너희가 내 양이 아니므로 믿지 아니하는도다 내 양은 내 음성을 들으며 나는 그들을 알며 그들은 나를 따르느니라
내가 그들에게 영생을 주노니 영원히 멸망하지 아니할 것이요 또 그들을 내 손에서 빼앗을 자가 없느니라 그들을 주신 내 아버지는 만물보다 크시매 아무도 아버지 손에서 빼앗을 수 없느니라 나와 아버지는 하나이니라 하신대

그들이 노골적으로 예수님이 메시아인지를 묻자 예수님은 대화를 피하지 않으신다. 예수님은 이미 대답했다고 말씀하시며 자신이 말씀하신 것을 확실히 하기 위해 기적들을 행하셨다. 그래도 그들은 여전히 믿지 않았다. 하지만 그때 예수님은 그들이 믿지 않는 이유는 그들이 아버지께 속해 있지 않기 때문이라고 말씀하시며 그들을 노골적으로 공격하신다. 어이쿠! 유대인들의 가장 중요한 주장은 자신들이 선택된 하나님의 자녀라는 것이었다. 그러니 예수님의 말씀은 이들의 뺨을 때리는 격이었다.

하지만 예수님은 그저 독선적으로 유대인들을 공격하려던 것이 아니었다. 예수님은 그들이 영생과 영원한 안전을 경험하도록 도와주시려던 것이었다. 하지만 바리새인들은 그런 것을 원하지 않았다. 그들은 유대인으로 태어난 권리로 구원받았다고 생각했다. 그들은 회개하고 구세주에게 의지하는 대신 유대인이라는 자신들의 민족 정체성에 의지했다. 그들은 예수님의 주장들 대신 자신들의 출신 성분을 믿었다. 그들이 그릇되게 소망을 두고 있던 이 모든 것을 포기하라는 요구는 오히려 그들을 더 화나게 만들었다. 하지만 예수님은 계속해서 그들에게 요청하신다. 예수님을 그들을 구원하시기 위해 그들을 공격하신다.

### 돌로 공격당하다

진리를 말하다 보면 큰 어려움에 처할 수 있다. 이 화난 유대인들은 예수님을 죽이려 했다. "유대인들이 다시 돌을 들어 치려 하거늘"(요 10:31). 스스로 자신을 구할 수 없다는 말을 들을 때 두 가지 반응이 가능하다. 그 말을 믿고 받아들이거나 그 말을 거부하고 화를 내는 것이다.

바리새인들이 예수님을 죽이려고 한 것은 이번이 처음이 아니었고 마지막도 아닐 것이다. 하지만 지금은 예수님이 죽을 때가 아니었다. 예수님은 그들에게 이렇게 말씀하신다. "내가 아버지로 말미암아 여러 가지 선한 일로 너희에게 보였거늘 그 중에 어떤 일로 나를 돌로 치려 하느냐"(요 10:32). 예수님은 그들이 분노를 내려놓고 스스로 질문해 보도록 압박하신다. 왜 그들은 예수님을 미워하는가? 예수님은 그들이 자신이 한 좋은 일들(병자를 고치고, 배고픈 자들을 먹이시고, 죽은 자를 일으키시고, 귀신 들린 자들을 풀어 주신)을 떠올리게 하신다. 이런 일들은 다 생명을 살리는 일이었다. 예수님은 결국 그들에게 이렇게 질문하신 것이다. "이 일들 중에 어떤 것이 너희의 미움을 받아 내가 죽어야 할 일이냐?"

유대인들은 이렇게 대답했다. "선한 일로 말미암아 우리가 너를 돌로 치려는 것이 아니라 신성모독으로 인함이니 네가 사람이 되어 자칭 하나님이라"(요 10:33). 그들은 예수님이 진실을 말하기에 미워한다. 그들은 예수님이 그들의 충성을 요구하는 것을 미워한다. 그들은 예수님이 그들에게 그들의 '종교성'은 아무것도 아니고 그들에게 필요한 것은 예수님 자신이라고 말씀하시는 것을 미워한다. 그들은 예수님이 주장하는 바를 알았고 그것 때문에 예수님을 경멸했다.

예수님은 불신의 벽을 향해 곤봉처럼 진리를 휘두르셨다.

전에도 회당에서 비슷한 사건이 있었다. 그들은 예수님의 말씀을 받아들이고, 그들이 품고 있던 생각들을 버리고, 겸손해져서 하나님이 예수님을 통해 그들을 축복하실 수 있도록 하는 대신, 예수님의 말씀을 듣고 화를 냈다. 많은 현대 설교자들은 이것이 예수님이 한 최고의 실수라고 여기려 한다. 현대 설교자들은 바리새인들의 생각과 불신을 잘 받아 주면서 진리의 곤봉을 휘두르지 않는 것이 지혜롭다고 생각한다. 하지만 예수님은 이런 식으로 소란을 계속 일으키셨다. 베드로와 야고보도 예수님의 본을 따랐고(행 4:10, 19, 20), 모든 사도도 그러했고(행 5:30-32), 스데반도 그러했다(행 7:51-54). 불신이 강할수록 예수님으로부터 더 강한 타격을 받게 된다.[3]

예수님은 견고한 진리로 굳은 마음들을 대면하신다. 또한 진리로 이 마음이 굳은 지도자들을 대면하신다. 예수님은 그들의 질문을 무시하지 않으신다. 예수님은 그들과 관계를 맺으신다. 예수님은 메시아를 믿는 믿음이라는 구원의 메시지를 전하신다.

### 나는 하나님의 아들이다

예수님은 다시 한번 시도하신다. 예수님은 한 번 더 이 사람들이 거절하지 않고 믿도록 시도하신다.

> 예수께서 이르시되 너희 율법에 기록된 바 내가 너희를 신이라 하였노라 하지 아니하였느냐 성경은 폐하지 못하나니 하나님의 말씀을 받은 사람들을 신이라 하셨거든 하물며 아버지께서 거룩하게 하사 세상에 보내신 자가 나는 하나님의 아들이라 하는 것으로 너희가 어찌 신성모독이라 하느냐 만일 내가 내 아버지의 일을 행하지 아니하거든 나를 믿지 말려니와 내가 행하거든 나를 믿지 아니할지라도 그 일은 믿으라 그러면 너희가 아버지께서 내 안에 계시고 내가 아버지 안에 있음을 깨달아 알리라 하시니(요 10:34-38)

예수님은 이제는 호소하신다. "나를 믿지 말려니와 내가 행하거든 나를 믿지 아니할지라도 그 일은 믿으라." 그러나 그들은 믿지 않는다. 그들은 예수님이 하신 일을 무시한다. 그들은 예수님의 선함을 무시한다. 그들은 집으로 오라는 그분의 부르심에 귀를 닫아 버린다.

그로 인해 문제가 생겨난다. "그들이 다시 예수를 잡고자 하였으나 그 손에서 벗어나 나가시니라"(요 10:39). 이 사람들은 예수님께 돌을 던지려고 할 때보다 더 화가 나 있다! 예수님이 누구신지 기억해 보라. 예수님과 아버지는 하나이시다. 모든 권세가 그분께 속해 있다. 그분은 말 한마디로 이들을 쓸어버리실 수 있있다. 그러나 예수님은 어떻게 반응하셨는가? "그 손에서 벗어나 나가시니라." 예수님이 어떻게 그들을 벗어났는지는 자세히 나와 있지 않다. 일종의 제다이 마인드 트릭(Jedi mind trick, "당신들이 찾던 로봇은 없다") 같은 것을 쓰셨을 것 같다. 그런 다음 예수님은 사라져 자신의 주장을 믿을 사람들을 찾아 떠나신다. 리처드 렌스키는 이런 제안을 한다.

예수님은 기적적인 능력을 발휘해 살기등등한 폭도를 뚫고 언덕 꼭대기로 가신 것일까? 많은 사람이 이를 부인하고 예수님의 홀

류한 인격을 언급하는 것으로 충분하다고 생각한다. 그러나 예수님의 훌륭한 인격으로도 그분을 벼랑으로 데려가 죽이려는 폭도들의 시도를 막지 못했다. 이 일촉즉발의 순간에 예수님은 조용히 무리를 지나 아무런 방해도 받지 않으시고 나사렛을 벗어나신다. 예수님이 이런 기적을 그들에게 보이신 것은, 그들이 놀라서라도 회개하거나 계속 자신들의 완고함을 고집할 때는 심판받을 수 있음을 경고하기 위함이었다.[4]

예수님은 이 화난 군중을 멸하지 않으신다. 예수님은 그들이 회개하기를 원하시기에 그들에게 시간을 좀 더 주신다. 예수님은 시련을 당하고 죽임을 당하는 동안에도 자신이 누구인지 그리고 무엇을 하러 오셨는지를 그들에게 말해 주는 것을 멈추지 않으셨다. 예수님은 자기 백성을 그들의 죄에서 건지기를 원하셨다. 예수님은 자신을 미워하는 자들을 사랑하셨다.

예수님과 그분의 진리 주장에 대해 확신하지 못하는 이, 예수님의 주장을 싫어하기 때문에 왜 이 책을 읽어야 하는지 확신하지 못하는 이, 예수님을 미워하는 사람을 사랑하는 이여, 예수님이 계속해서 부르신다는 것을 기억하라. 예수님은 계속해서 초대하신다. 예수님은 당신이 믿기를 간절히 바라신다. 그분은 오래

기다리신다. 그분은 거듭거듭 당신에게 진리를 주실 것이다. 듣고 신뢰하고 믿으라.

# 16

## 자신을 배반한 자와 함께하신 예수님

왜 그 여자를 미워하면 안 되지? 그 여자는 다른 사람에게 할 수 있는
최악의 일을 내게 했어. 그들이 사랑받고 필요한 존재라고 믿게 한 다음,
그것이 모두 가짜임을 보여 주자. _ 애거사 크리스티

예수께서 이르시되 유다야
네가 입맞춤으로 인자를 파느냐 하시니 _ 눅 22:48

배신은 친밀한 관계에서 일어나는 행동이다. 당신의 삶에서 별 관계가 없고 사랑하지 않는 사람들에게는 배신을 당할 수 없다. 배신은 우정이나 사랑이 있을 때 일어날 수 있다. 란도 칼리시안, 알프레드 레들, 피터 페티그루, 사이퍼, 마르쿠스 유니우스 브루투스, 이 이름들은 배신과 동의어들이다. 소설 속 인물이든 실제 인물이든, 이들은 신뢰받던 동지였다가 생각할 수 없는 일들을

행한 사람들이었다. 그들의 기만적인 행동은 그들을 신뢰하던 사람들에게 엄청난 충격으로 다가갔다. 어떤 이들은 구원으로 그들의 이야기가 끝나기도 하지만 어떤 이들(가룟 유다 같은)은 비극적으로 이야기가 끝나기도 한다. 예수님과 함께한 유다의 마지막 시간들을 읽을 때면 우리에게 일어나는 질문은 다음과 같다. "당신을 배반할 것을 아는 사람을 어떻게 대하겠는가?" 대부분의 이야기에서, 배신하는 자가 배신하기 전에 배신할 사람에게 들켰다면 이야기는 달라질 수밖에 없다. 예수님은 유다의 끔찍한 계획을 알고 계셨다. 완전한 인간이셨던 예수님이 유다를 어떻게 대하는지 말씀을 통해 보자.

### 예수님은 발을 씻기신다

예수님은 다른 제자들과 똑같이 유다를 사랑과 친밀한 우정으로 대하신다.

> 유월절 전에 예수께서 자기가 세상을 떠나 아버지께로 돌아가실 때가 이른 줄 아시고 세상에 있는 자기 사람들을 사랑하시되 끝까지 사랑하시니라 마귀가 벌써 시몬의 아들 가룟 유다의 마음

에 예수를 팔려는 생각을 넣었더라 저녁 먹는 중 예수는 아버지께서 모든 것을 자기 손에 맡기신 것과 또 자기가 하나님께로부터 오셨다가 하나님께로 돌아가실 것을 아시고 저녁 잡수시던 자리에서 일어나 겉옷을 벗고 수건을 가져다가 허리에 두르시고 이에 대야에 물을 떠서 제자들의 발을 씻으시고 그 두르신 수건으로 닦기를 시작하여(요 13:1-5)

발 씻어 주는 일은 십자가에 달리시기 전날 밤에 일어난다. 예수님과 제자들은 '마지막 만찬'을 준비했다. 예수님은 자신이 시간이 다 되었다는 것을 아셨다. 열두 제자와 함께하는 마지막 시간이라는 것을 아셨다. "예수께서 자기가 세상을 떠나 아버지께로 돌아가실 때가 이른 줄 아시고 세상에 있는 자기 사람들을 사랑하시되 끝까지 사랑하시니라." 그래서 예수님은 다시 한번 그들에게 자신이 누구인지 이제 곧 무슨 일을 하실지 말씀하신다. 궁극적으로 일어나게 될 일을 상징하는 방식으로 이 일을 행하신다. 예수님은 겉옷을 벗으시고 발에 묻은 먼지와 때와 얼룩을 닦아 내신다. 예수님은 제자들의 발을 씻기신다. 예수님은 유다가 예수님을 배반할 것을 아셨지만 그럼에도 몸을 숙여 자신을 배신할 자의 발을 씻으셨다는 점에 주목하는 것이 중요하다.

그들의 리더는 제자들의 발을 씻기기 위해 종의 역할을 맡으셨다. 이 행동은 제자들을 중심으로부터 흔들어 놓을 것이다. "손님이 연회에 참석하기 전에 목욕을 했더라도, 그의 발은 먼지투성이 길을 걸어오느라 먼지투성이였을 것이다. 가장 낮은 종(유대인 집에서는 이방인 종)이 손님의 발을 씻기는 가장 천한 일을 하도록 되어 있었다."[1] 발을 씻기는 일은 천한 일이었다. 랍비는 말할 것도 없이 자신을 귀하게 여기는 유대인이라면 어느 누구도 이 일을 하지 않으려 할 것이다. 이 더러운 일은 노예들이 하도록 되어 있었다. 그런데 여기 우리 예수님이 계시다. 여기 신이면서 인간이신 예수님이 다시 한번 따르는 자들을 놀라게 하신다. 예수님은 이 친밀한 돌봄의 행위를 통해 이 하나님 형상을 닮은 자들(자신을 배신할 자까지 포함된)의 가치를 분명히 하신다.

### 예수님은 식사를 함께하신다

발을 씻기는 행위는 여러 가지 이유로 친밀함을 보여 주는 행동이지만 예수님은 거기서 멈추지 않으신다. 예수님은 유다와 식사를 함께하신다. 예수님은 수년간 이 사람에게 해 오셨던 일을 계속하신다. 하지만 이 밤이 특별한 것은 예수님은 몇 시간 후 벌어질 일을 아시면서도 그렇게 하셨기 때문이다.

> 예수께서 이 말씀을 하시고 심령이 괴로워 증언하여 이르시되 내가 진실로 진실로 너희에게 이르노니 너희 중 하나가 나를 팔리라 하시니 제자들이 서로 보며 누구에게 대하여 말씀하시는지 의심하더라 예수의 제자 중 하나 곧 그가 사랑하시는 자가 예수의 품에 의지하여 누웠는지라 시몬 베드로가 머릿짓을 하여 말하되 말씀하신 자가 누구인지 말하라 하니 그가 예수의 가슴에 그대로 의지하여 말하되 주여 누구니이까 예수께서 대답하시되 내가 떡 한 조각을 적셔다 주는 자가 그니라 하시고 곧 한 조각을 적셔서 가룟 시몬의 아들 유다에게 주시니 조각을 받은 후 곧 사탄이 그 속에 들어간지라 이에 예수께서 유다에게 이르시되 네가 하는 일을 속히 하라 하시니 이 말씀을 무슨 뜻으로 하셨는지 그 앉은 자 중에 아는 자가 없고 어떤 이들은 유다가 돈궤를 맡았으므로 명절에 우리가 쓸 물건을 사라 하시는지 혹은 가난한 자들에게 무엇을 주라 하시는 줄로 생각하더라 유다가 그 조각을 받고 곧 나가니 밤이러라 (요 13:21-30)

예수님은 유다를 씻기시고 그런 다음 먹이신다. 예수님은 유다에게 떡을 주신다. 이것은 "대개 존중과 보살핌의 표시"[2]다. 예수님은 자신이 유다가 하려는 일을 알고 있음을 인정하시고 그에게 빨리 그 일을 하라고 하신다. 바로 그 순간 그분의 마음이 얼마나 고통스러웠을까. 성경 본문은 이렇게 말한다. "예수께서 이 말씀을 하시고 심령이 괴로워." 인간이셨던 예수님은 당신이나 나같이 배신의 고통을 느끼셨다. 열두 제자 중 한 명, 가장 첫 제자 중 한 명이 이제 등을 돌리고 그분을 배신할 것이다.

유다는 왜 그렇게 했던 것일까? 그는 왜 배신을 했을까? 일전에 어떤 사람이 예수님께 진정한 사랑을 보여 주었던 사건이 있었는데 그 일도 한몫했다. 며칠 전 예수님이 "식사하실 때에 한 여자가 매우 값진 향유 곧 순전한 나드 한 옥합을 가지고 와서 그 옥합을 깨뜨려 예수의 머리에 부으니 어떤 사람들이 화를 내어 서로 말하되 어찌하여 이 향유를 허비하는가 이 향유를 삼백 데나리온 이상에 팔아 가난한 자들에게 줄 수 있었겠도다 하며 그 여자를 책망하는지라"(막 14:3-5).

이 이야기를 기억하는가? 이 사랑과 애정을 과도하게 보여 준 사건에 대해 '화를 냈던' 사람 중 하나가 유다다. 이 여인이 그리스도를 향한 사랑이 넘쳐서 자신이 가진 모든 것을 드림으로 그 사랑을 보여 주었을 때, 유다는 그것을 싫어했고 모두에게 그 감정을 드러냈다. 이때 예수님이 유다에게 한 대답이 그의 배신을 촉발했을 것이다. "가만 두라 너희가 어찌하여 그를 괴롭게 하느냐"(막 14:6). 예수님이 유다에게 뭐라고 몇 마디 더 하셨고 이후 말씀은 이렇게 계속된다. "열둘 중의 하나인 가룟 유다가 예수를 넘겨 주려고 대제사장들에게 가매 그들이 듣고 기뻐하여 돈을 주기로 약속하니 유다가 예수를 어떻게 넘겨 줄까 하고 그 기회를 찾더라"(막 14:10-11). 예수님을 향한 회개한 여인의 사랑과 그 사랑에 화답하는 예수님의 사랑이 유다를 대제사장들에게로 보냈다.

그들의 마지막 저녁식사 시간에도 예수님은 이 배반이 올 것을 알고 계셨다. 예수님이 그에게 요구하신 한 가지는 빨리 그 일을 하라는 것이었다. 그냥 끝내 버려라. 예수님이 느낀 고통은 극심했다. 유다는 그리스도의 요구대로 식사 자리를 떠난다. 그는 가서 생각할 수도 없는 일을 행한다. 그는 예수님을 죽이려는 자들을 예수님이 겟세마네 동산에서 아버지께 울며 기도하던 장소로 데리고 온다. "말씀하실 때에 한 무리가 오는데 열둘 중의 하나인 유다라 하는 자가 그들을 앞장서 와서 예수께 입을 맞추려고 가까이 하는지라 예수께서 이르시되 유다야 네가 입맞춤으로 인자를 파느냐 하시니"(눅 22:47-48).

유다는 그저 군중 속에 섞여 있었던 것이 아니라 그들을 이끌고 있었다. 그는 예수님께 다가와 (이전에는 진실이었겠지만) 가짜 사랑의 친밀감을 보인다. 그는 가짜 친밀감과 사랑을 가지고 사랑과 애정 그 자체이신 분께 가까이 온다. 유다는 예수님께 그저 한 번 입맞춤을 한 것이 아니다. "마태와 마가는 여러 번의 입맞춤이라는 뜻을 가진 '*abkuessen*'이라는 복합 동사를 사용한다. 유다는 잡으러 온 사람들에게 '봐, 이 사람이 너희가 원하는 그 사람이야!'라고 말하려는 듯 그 행동을 여러 번 했다."[3] 유다는 그리스도의 발에 입을 맞추었던 그 여인을 흉내 낸다. 그는 반복해서 입맞춤을 한다. 자신에게는 그리스도를 향한 진짜 사랑이 없다는 것을 알면서도 다른 사람이 하던 모습을 수단으로 사용한다. 그는 마음에 거짓이나 빈 감정이 없으신 그분을 배반한다. 이 배반에 예수님은 그저 한 가지 질문을 하신다. "친구여 네가 무엇을 하려고 왔는지"(마 26:50). 예수님은 여전히 그를 **친구**라고 부르신다. 입맞춤으로 배신한 친구라니, 이것이 어떻게 된 것인가? 이 거짓된 사랑의 표현은 다시 한번 예수님의 마음을 찔렀다.


### 예수님이 고치신다

가슴이 쓰라린 밤이다. 제자들이 싸우려고 하자, 싸움은 예수님이 하려는 일도 아니고 그분의 나라가 추구하는 것도 아니라고 말씀하신다. 예수님은 상처 주기 위해서가 아니라 도우려고 여기 계신다. 예수님은 제자들에게 이렇게 말씀하신다. "너는 내가 내 아버지께 구하여 지금 열두 군단 더 되는 천사를 보내시게 할 수 없는 줄로 아느냐?"(마 26:53). 예수님은 제자들의 보호나 공격이 필요하지 않으시다. 그분은 실제로 자신을 충분히 보호하실 수 있지만 자신의 때가 왔다는 것을 아신다. 예수님은 자신을 돌보려 하지 않으신다. 처음부터 그분의 사역은 다른 사람들을 돌보는 것이었다.

베드로가 무리 중 한 명의 귀를 칼로 베자 예수님은 그분이 늘 하시던 일을 하신다. 예수님은 귀를 고쳐서 회복시켜 주신다(눅 22:50-51). 예수님은 심지어 자신을 죽이러 온 사람들도 도와주신다. "유다는 입맞춤으로 예수님을 배신하지만 예수님은 자비로 그 종의 상한 귀를 고쳐 주신다. 예수님과 어둠의 세력 사이의 갈등이 증폭된다. 이 어둠은 여전히 우리를 둘러쌀 것이다. 그러나 하나님은 그 어둠을 이기기 위해 그리고 그분의 영원한 빛으로 안내하기 위해 그 배신의 밤을 이용하셨다."[4]

유다 이야기의 끝은 비극이다. 그는 스스로 목매단다. 유다가 그리스도를 배신한 후 스스로 고립되어 있지 않았더라면 어떤 일이 일어났을지 궁금하지 않을 수 없다. 그가 다른 제자들을 만나러 돌아왔다면 어떤 일이 일어났을까? 베드로도 이 시간 동안 비참하게 실패했지만 나중에 회복되었다. 베드로는 자신이 이미 용서받았다는 사실을 상기하게 되었지만 유다는 그저 자신의 실패만을 보았다. 유다가 예수님을 다시 찾아왔다면 예수님은 분명 유다를 용서하셨을 것이다. 예수님이 십자가에서 다음과 같이 말씀하시며 생을 마감하신 것만 봐도 알 수 있다. 예수님은 자신을 죽이고 조롱하는 자들에 대해 "아버지 저들을 사하여 주옵소서 자기들이 하는 것을 알지 못함이니이다"(눅 23:34) 하고 기도하셨다. 이 용서는 분명히 유다에게도 해당되었을 것이다. 유다가 마지막 숨을 거둘 때 (그가 자신의 죄를 뉘우쳤든 아니든) 무슨 일이 일어났을지 우리는 알 수 없지만, 내가 아는 한 가지는 내가 믿는 예수님은 구하는 자에게 분명 용서를 주셨으리라는 것이다. 유다도 천국에 갔다면 하나님은 얼마나 기뻐하셨을까? 내 옆에, 당신 옆에 그 배신자 유다가 무릎을 꿇고 있다. 그래도 나는 하나도 놀라지 않을 것이다.

그러니 당신이 정말 상상할 수도 없는 방식으로 그리스도를 배신했다면, 그래서 그 일을 어떻게든 극복해 보려고 애쓰고 있다면, 예수님은 용서하시는 분임을 기억하라. 예수님은 당신에게 가까이 가기 원하시고 당신을 깨끗하게 해 주시길 원하신다. 그분은 당신을 먹이기 원하신다. 그분은 당신을 위해 자신의 몸을 기꺼이 상하게 하신다. 그분은 당신을 위해 피를 흘리신다. 예수님 안에서 당신은 온전한 사랑과 용서와 수용을 알 수 있다. 믿으라. 받아들이라. 즐거워하라.

# 17

## 당신과 함께하시는 예수님

나와 함께 살라. 내게로 오라. 내게서 배우라. 나와 함께 가자.
나를 따르라. 내 사랑 안에 거하라. 내가 너를 친구라 부른다.
내 안에 머물라. 내 안에서 살라. _ 예수, 복음서

이 책을 읽으면서 아마 여러 군데에서 당신 자신을 발견했을 것이다. 특히 의심하고 있고 부인하고 있고 절망하고 있다면 말이다. 그리고 자신에게 육체적, 감정적, 혹은 영적 치유가 필요하다는 사실을 알아차렸을 것이다. 당신은 율법 고수자나 배신자일 수도 있을 것이다. 여러 범주에 속하든 아니면 어느 범주에도 속하지 않든, 예수님은 당신에게 가까이 오라고 초청하신다.

### 집으로 오라

예수님 초청의 첫 부분은 그분 안에 거하기 위해 집으로 오라고 하시는 것이다.

내 안에서 살아라. 내가 너희 안에서 살겠다. 가지가 포도나무에 붙어 있지 않고서는 스스로 열매를 맺을 수 없듯이 너희도 내 안에 있지 않으면 열매를 맺지 못할 것이다. 나는 포도나무이고 너희는 가지다. 사람이 내 안에 살고 내가 그 사람 안에 살면 그는 많은 열매를 맺는다. 나를 떠나서는 너희가 아무것도 할 수 없다. 누구든지 내 안에 머물러 있지 않으면 가지처럼 밖에 버려져 말라 버린다. 사람들은 그런 것을 주워다가 불에 던져 태운다. 만일 너희가 내 안에 살면서 내 말을 지키면 무엇이든지 원하는 대로 구하라. 그러면 그대로 이루어질 것이다. 너희가 많은 열매를 맺어 내 제자라는 것을 보여 주면 내 아버지께서 영광을 받으신다. 아버지께서 나를 사랑하신 것처럼 나도 너희를 사랑하였으니 내 사랑 안에서 살아라. 내가 아버지의 계명을 지키고 그분의 사랑 안에 있는 것과 같이 너희도 내 계명을 지키면 내 사랑 안에서 살게 될 것이다. 내가 이 말을 너희에게 한 것은 내 기쁨이 너희 안에 있게 하고 너희 기쁨이 넘치게 하기 위해서이다. 내가 너희를 사랑한 것처럼 너희도 서로 사랑하여라. 이것이 내 계명이다. 친구를 위해 자기 목숨을 버린다면 이보다 더 큰 사랑은 없다. 내가 명령하는 것을 너희가 실천하면 너희는 바로 내 친구이다. 이제부터는 내가 너희를 종이라고 부르지 않겠다. 종은 주인이 하는 일을 모른다. 오히려 내가 너희를 친구라고 부른 것은 내가 아버지께 들은 것을 모두 너희에게 알려 주었기 때문이다. 너희가 나를 선택한 것이 아니라 내가 너희를 선택하여 세웠다. 이것이 너희가 세상에 나가 열매를 맺게 하고 그 열매가 항상 있도록 하기 위해서이다. 그렇게 되면 너희가 내 이름으로 무엇을 구하든지 아버지께서 너희에게 다 주실 것이다. 서로 사랑하여라. 내가 너희에게 명령한 것이 바로 이것이다.(요 15:4-17, 현대인의성경)

이 초대는 당신을 위한 것이다. 예수님 사랑 안에서 편안히 지내라고 초대하시는 것이다. 우리는 살면서 많은 시간을 자기 자리가 아닌 것 같고 편안하지 않은 느낌을 받으며 산다. 예수님은 우리가 찾던 바로 그분이다. 그분의 초대는 우리가 그토록 간절히 바라던 것이다. 내면의 평화를 찾아 여기저기를 헤매고 다니는 동안, 집은 우리를 부르며 우리가 그곳으로 갈 수 있도록 길을 열어 준다. 제임스 K. A. 스미스는 『아우구스티누스와 함께 떠나는 여정』(On the Road with Saint Augustine)에서 집을 향한 여정에 대해 이렇게 말한다.

평화를 향한 영혼의 갈망은 걱정과 격렬한 추구로부터 일종의 쉼을 갈망하는 것이다. 바로 하나님 **안에서** 쉬는 것이다. 그리고 아우구스티누스에게 이러한 쉼을 찾는 것(우리 자신을 우리를 붙들고 계신 분께 의탁하는 것)은 **기쁨**을 찾는 것이다. "당신이 주신 선물 속에서 우리는 쉼을 찾습니다. 당신은 우리 기쁨입니다. 우리 쉼은 우리 평화입니다"라고 아우구스티누스는 결론을 내린다. 아우구스티누스에게 기쁨은 걱정의 반대인 고요(두려움과 적성 혹은 불안으로 숨을 참고 있던 사람이 숨을 내쉬는)다. 더 이상 일을 할 필요가 없다(사랑받고 있다)는 것을 깨닫는 사람의 행복한 휴식이다. 우리는 하나님의 은혜 안에서 정확히 이 기쁨을 발견하게 되는데, 하나님은 우리가 아무것도 증명하지 않아도 되는 분이기 때문이다. 그러나 또한 그곳에 도착한 사람의 안도의 한숨이기도 하다. 시시각각 변하는 세상과 변덕스러운 체제에 신음하다 피난처를 찾아 국경을 넘는 숨 막히는 탈출을 시도했던 사람이 마침내 숨을 쉴 수 있게 되는 것이다. 우리가 간절히 바라는 것은 피조물로부터의 탈출이 아니라 부서진 세상에서 인간으로서 겪는 고통스럽고 비참한 경험으로부터의 탈출이다. 우리가 소망하는 것은 전능하신 주님이 우리에게 "너희는 여기서 안전하다"고 확신을 주시는 장소다.[1]

숨 쉴 수 있는 안전한 장소에 대해 읽을 때 당신의 마음이 그것을 갈망하지 않는가? 의심과 거부와 두려움과 겁을 내려놓고 아버지 집에 그냥 누워서 쉬고 싶지 않은가? 요한복음 15장은 예수님이 우리를 바로 그곳으로 부르신다고 말한다! 집으로 오라. 죄인들, 고통받는 자들, ?하는 자들, 의심하는 자들, 용기를 잃은 자들을 향한 그리스도의 사랑 안에서 살라. 당신을 향한 그분의 사랑 안에서 살라. 그 안에 거하라. 거기서 편안하라. 이것은 하나님이 우리에게 보여 주신 사랑을 온전히 누리는 법을 배우며 우리가 영원토록 행할 일이다.

우리가 그리스도 안에서 발견하게 되는 사랑은 우리가 아는 그런 유의 사랑이 아니다. 그분의 사랑은 문자 그대로 완벽하다. 우리를 향한 그리스도의 사랑은 아버지가 아들을 사랑하는 방식을 그대로 보여 준다. "아버지께서 나를 사랑하신 것 같이 나도 너희를 사랑하였으니"(요 15:9-10). 프레더릭 브루너는 이 생각을 확장한다.

"아버지께서 나를 사랑하신 것같이(바로 여기까지!) 내가 너희를 그렇게까지 사랑한다. 나의 이 특별한 사랑 안에서 편안히 거하라. 그리고 쉬라." 예수님은 우리를 향한 그분의 사랑 안에서 편히 지내라고 우리를 초대하시는데, 이 사랑은 예수님을 향한 아버지의 사랑만큼이나 크다. 이 사실이 우리를 압도해야 한다. 집을 지으신 분을 생각할 때 새 집에서 안도할 수 있다("쉬라"라는 말을 덧붙인 것은 예수님의 놀라운 약속의 의미를 드러내기 위해서다). 사랑에 굶주린 세상으로 우리의 너무나 작은 그릇을 가지고 나아갈 때 우리는 이 거대한 신적 사랑의 우물에서 **우리에게** 필요한 물을 길을 수 있다. 우리 안에는 우리에게 필요한 사랑의 자원이 없다. 하지만 예수님과 함께 살 때, 그분과 그분의 가족과 함께 '집에 거할 때' 우리는 사랑의 우물을 갖게 된다. 아버지로부터 아들을 통해 성령에 의해 우리를 위해 준비된 사랑의 우물이다! 그리고 우리는 이 깊은 우물에서 우리의 형편없이 작은 그릇으로 계속해서 물을 퍼올릴 수 있다. "나의 이 특별한 사랑 안에 거하라."[21]

예수님이 앞장서서 집을 세우신다. 그분은 그저 수동적으로 옆에 앉아서 당신이 감정적으로나 상황적으로 이리 뛰고 저리 뛰는 것을 지켜보시지 않는다. 그분은 당신에게 집이 필요하다는 것을 아신다. 당신에게 그분이 필요하다는 것을 아신다. 그래서 그분 자신을 주신다. 하나님은 우리와 함께 이 일을 주도하셨다. "하나님이 세상을 이처럼 사랑하사 독생자를 주셨으니"(요 3:16). "우리가 사랑함은 그가 먼저 우리를 사랑하셨음이라"(요일 4:19). 그분의 사랑이 우리 안에서 그분을 향한 사랑을 창조한다. 집을 향한 열망은 우리를 사랑하시는 분과 함께 있고 싶어 하는 열망이다. 그분의 사랑이 그 열망을 만들어 낸다.

우리가 온전히 우리 자신이 될 수 있는 곳, 발을 소파 위에 편하게 올려놓을 수 있는 곳, 편안한 옷차림을 할 수 있는 곳, 이가 깨끗한지 입냄새가 나는지 걱정하지 않아도 되는 곳이 있다. 모든 죄와 결점이 드러나는 곳이 있다. 우리가 수용되고 소중히 여겨지고 선택되는 한 곳이 있다. 거짓 웃음을 짓거나 웃는 척하지 않아도 되는 한 곳이 있다. 우리가 알려지고 사랑받는 한 장소는 그분과 함께, 사랑과 함께 있는 곳이다. 그곳에서 우리 마음은 변화하고 부드러워진다. 그곳에서 우리는 하나님께 사랑으로 화답하고 싶어 하고, 그곳에서 다른 사람들을 사랑하려는 열망은 불타오른다.

하나님의 사랑은 우리에게 모든 것을 제공했다. 우리가 할 일은 그저 우리에게 그분이 필요하고 우리에게 집이 필요하고 식탁에 앉기 위해서 우리가 노력해서 해야 할 일은 아무것도 없음을 인정하는 것이다.

예수님이 아버지의 사랑을 받으신 것처럼 제자들도 그분의 사랑을 받는 자들이다. 예수님이 제자들을 '사랑했다'고 말씀하실 때 부정과거 시제를 사용하셨는데, 이는 제자들과 함께한 시간 내내 그리고 그들을 위해 죽으시는 그 순간까지를 다 포함하는 사랑을 표현하기 위함이었을 것이다.[31]

예수님의 삶과 죽음과 부활은 우리가 늘 원하는 본향으로 가는 영원한 열쇠다.

예수님은 우리가 서로(의심하는 자들, 절망한 자들, 두려워하는 자들, 방황하는 자들, 가난한 자들, 아픈 자들, 슬픈 자들을 다 포함해서) 사랑할 때 세상이 우리가 예수님의 제자임을 알게 된다고 말씀하신다. 우리가 다른 사람들을 사랑하는 것은 우리가 사랑받고 있음을 알 때 시작된다. 우리는 다른 순례자들을 받아들이고 그들에게 집으로 가는 길을 보여 주고 사랑하는 길을 보여 준다. 우리는 우리 친구의 목소리를 듣고 다른 사람들도 그 목소리를 듣도록 도와준다. 다른 사람들이 예수님이 부르시는 것을 듣지 못할 때, 우리는 그들에게 그분이 계심을 일깨워 준다. 우리는 나머지 군중이 침묵할 수 있는 공간을 만들어 그들이 그분의 부르심을 듣게 귀를 기울이도록 도와준다.

### 자유로워지라

예수님은 단지 우리를 그분의 사랑이 있는 집으로 초대하지 않으신다. 그분은 또한 우리를 쉼과 자유로 초대하신다.

> 아버지께서는 모든 것을 내게 맡겨 주셨습니다. 아버지 외에는 아들을 아는 사람이 없고, 아들과 그리고 아들이 아버지를 알게 하려고 선택하는 사람 외에는 아버지를 아는 사람이 없습니다. 수고하고 무거운 짐 진 사람들아, 다 나에게 오너라. 내가 너희를 쉬게 하겠다. 나는 마음이 온유하고 겸손하다. 내 멍에를 메고 내게 배워라. 그러면 너희 영혼이 쉼을 얻을 것이다. 내 멍에는 메기 쉽고 내 짐은 가볍다.(마 11:27-30, 현대인의성경)

우리가 예수 그리스도 안에서 발견하는 집은 계속해서 돈을 벌어야 한다고 느끼는 집이 아니라, 그리스도께서 이미 우리 자리를 마련해 놓았기 때문에 쉼과 자유를 느껴서 우리 주변 사람들을 사랑하고 돌보게 되는 장소다. 이 진짜 집은 우리가 지쳤다는 것을 마침내 인정할 수 있는 곳, 그리고 정말 솔직하게 '우리는 끝났다'고 인정할 수 있는 곳이다. 이 진짜 집은 우리 내면이 평화롭고 하나님이 우리를 만드신 방식에 온전히 만족할 수 있는 곳이다. 이곳은 우리가 은혜에 대해 배울 수 있는 곳이다. 이곳은 우리가 그리스도와 교제할 수 있는 곳이다. 자유로운 곳이다.

이 자유로의 초대는 지치고 힘없는 모든 자들을 위한 것이다. 늘 쫓기고 불행한 사람들을 위한 것이다. 살면서 매일 허겁지겁 살아가는 모든 사람을 위한 것이다. 당신을 위한 것이다. 당신을 위한 것임을 믿으라. 예수님이 말씀하셨다. "수고하고 무거운 짐 진 자들아 **다** 내게로 오라 내가 너희를 쉬게 하리라"(마 11:28, 강조는 첨가됨). 누군가 마트 안을 걷는 사람이 보일 때는 이 구절이 그 사람을 위한 것이기도 하다는 것을 믿으라. 수고하고 무거운 짐을 지지 않은 사람은 단 한 사람도 없다. 우리 모두 수고하고 무거운 짐을 진 자들이다. 우리는 우리 죄의 무게를 지고 있다. 우리는 다른 사람들이 우리에게 짓는 죄들로 지쳐 있다. 그리스도의 초대에는 우리 모두가 포함되어 있다.

우리는 종종 그 잔치에 가려면 스스로 노력해야 한다고 느낀다. 아니면 평생 그렇게 배워 왔는지도 모르겠다. 노력해야 좋고 가치 있는 것을 얻을 수 있다고 배워 왔을 것이다. 예수님은 당신을 **일하지 않고 얻는** 곳으로 부르신다. 그분이 당신 대신 대가를 치르셨기에 당신은 쉴 수 있는 곳으로 당신을 부르신다.

예수님은 스스로를 "마음이 온유하고 겸손"(마 11:28)하다고 말씀하신다. 예수님은 대가를 치르고 당신을 지켰다고 당신 위에 군림하지 않으신다. 오히려 그분이 하신 일로 인하여 기뻐하라고 요청하신다. 예수님은 세상을 정죄하러 오신 것이 아니라 구원하러 오셨다고 직접 말씀하셨다. 그분은 아픈 자들을 위해 오셨다. 그분은 가난한 자들을 위해 오셨다. 그분은 혼자 문제를 해결할 수 없는 사람들을 위해 오셨다. 그분은 아침에 일어나지 못하는 사람들을 위해 오셨다. 예수님의 가장 중요한 사명은 아버지 앞에서 우리를 바로 세우기 위해 필요한 일을 행하시는 것이었다. "내게로 오라 내가 너희를 쉬게 하리라"고 말씀하셨다. 그분의 마음은 주는 것에 맞춰져 있다. 아버지가 그 아들을 주신 것처럼 아들은 우리에게 주신다. 그분은 항상 하나님의 율법에 순종할 수 있었던 분이었다는 완전한 기록을 우리에게 주신다. 그분은 우리에게 절실히 필요한 용서를 주신다. 그분은 우리에게 영생을 주신다. 그분은 우리에게 우리의 영원한 집을 주신다. 그분은 우리가 알던 그 어떤 분보다 관대하시다. 그분은 우리에게서 선한 것을 거두어 가지 않으신다.

예수님이 우리에게 주시는 쉼은 충만하고 완전한 쉼이다. 하나님께 사랑받기 위해 무언가를 해야 한다는 생각에서 자유로울 수 있다. 사랑받으려는 모든 시도를 내려놓을 수 있다. 우리가 저지른 모든 죄에 대한 죄책감에서 자유로울 수 있다. "더 많이 더 열심히 노력하라"고 우리 안에서 채찍질하는 소리로부터 자유로울 수 있다. 실패한 방법들을 계속 반복하는 것으로부터 자유로울 수 있다. 성공한 방법들을 계속 반복하는 것으로부터도 자유로울 수 있다. 이미 기진 것을 움켜쥐려는 시도로부터도 쉴 수 있다. 우리에게는 아버지의 사랑이 있다. 우리는 죄 용서를 받았다. 우리는 속한 곳이 있다. 우리에게는 집이 있다. 우리에게는 가족이 있다.

이 쉼은 완전한 평화를 아셨던 분으로부터 나온다. 그분은 아버지와 완전한 평화를 누리셨다. 그분은 자기 자신과 완전한 평화를 누리셨다. 그분은 언제나 사랑받는 아들의 정체성을 가지고 사셨다. 그분은 다른 사람들과 완전한 평화를 누리셨다. 우리는 예수님이 어떻게 사랑하고 사셨는지 보았다. 그분은 피조세계와 완전한 평화를 누리셨고, 자기 자녀를 치유하고 구원하기 위해 그 피조세계를 정복하셨다.

완전한 평화 자체이신 그분이 당신을(그렇다, 당신조차도) 집으로 오라고, 그래서 그분의 사랑 안에서 쉼을 찾으라고 부르신다. 오늘 그렇게 해 보겠는가? 지금이라도 그렇게 하겠는가? 당신의 필요를 인정하라. 당신의 구원자를 인정하라. 그분의 사랑을 인정하라. 집에 온 걸 환영한다.

> 열한 제자가 갈릴리에 가서 예수께서 지시하신 산에 이르러 예수를 뵈옵고 경배하나 아직도 의심하는 사람들이 있더라 예수께서 나아와 말씀하여 이르시되 하늘과 땅의 모든 권세를 내게 주셨으니 그러므로 너희는 가서 모든 민족을 제자로 삼아 아버지와 아들과 성령의 이름으로 세례를 베풀고 내가 너희에게 분부한 모든 것을 가르쳐 지키게 하라 볼지어다 내가 세상 끝날까지 너희와 항상 함께 있으리라 하시니라(마 28:16-20)

## 감사의 말

가족에게 감사의 마음을 전합니다. 언제나 그렇듯, 우리 가족의 지지와 배려와 기도와 재촉과 사랑 덕분에 지금까지 지탱할 수 있었습니다.

리즌교회 공동체에도 감사합니다. 나 자신보다 나를 더 믿어 준 분들입니다. 힘든 시기를 겪을 때 사랑해 주고 격려해 주어서 고맙고, 행복할 때 같이 웃고 춤춰 주어서 고맙습니다.

개성 강한 우리 여성 공동체에도 감사합니다. 여러분 덕분에 많이 웃었고, 있는 모습 그대로 내가 될 수 있었습니다. 사랑합니다!

멀리서 나의 교사가 되어 준 수많은 분이 있습니다(너무 많아 일일이 이름을 다 말할 수 없습니다). 그들의 소셜 미디어를 기웃거리며 그들이 쓴 글들을 다 읽으면서 많은 영향을 받았는데, 아마 그들은 잘 알지 못할 것입니다.

# 주

## 들어가는 글: 그들을 끝까지 사랑하셨다

명구. Brennan Manning, *The Ragamuffin Gospel* (Colorado Springs: Multnomah Books, 2015), 26.

## 1. 예수님, 가장 완전한 사람

1. Lisa Sharon Harper, *The Very Good Gospel: How Everything Wrong Can Be Made Right* (Colorado Springs: Waterbrook Publishing, 2016), 113.

## 2. 의심하는 자와 함께하신 예수님

명구. Os Guinness, *God in the Dark: The Assurance of Faith Beyond a Shadow of Doubt* (Wheaton, IL: Crossway Books, 1996), 14.
1. Michael Joseph Brown, "The Gospel of Matthew," in *True to Our Native Land: An African American New Testament Commentary*, ed. Brian K. Blount et al. (Minneapolis: Fortress Press, 2007), 102.
2. Frederick Dale Bruner, *The Gospel of John: A Commentary* (Grand Rapids, MI: Eerdmans, 2012), 815.
3. Tokunboh Adeyemo, ed., *Africa Bible Commentary* (Grand Rapids, MI: Zondervan, 2006), 1276.

### 3. 낙담한 자와 함께하신 예수님

명구. Paul E. Miller, *Love Walked Among Us: Learning to Love Like Jesus* (Colorado Springs: NavPress, 2014), 36.

1. Frederick William Danker, ed., *A Greek-English Lexicon of the New Testament and Other Early Christian Literature*, 3rd ed. (Chicago: University of Chicago Press, 2000), 933.
2. Darrell L. Bock, *The NIV Application Commentary: Luke* (Grand Rapids, MI: Zondervan, 1996), 615.
3. R. T. France, *Matthew: An Introduction and Commentary*, vol. 1, Tyndale New Testament Commentaries (Downers Grove, IL: InterVarsity Press, 1985), 179.
4. Tokunboh Adeyemo, ed., *Africa Bible Commentary* (Grand Rapids, MI: Zondervan, 2006), 1156.

### 4. 부인하는 자와 함께하신 예수님

명구. Chad Bird, "Excuse Me, But Your Soul Is Showing," 1517 (blog), September 17, 2019, https://www.1517.org/articles/excuse-me-but-your-soul-is-showing.

1. Darrell L. Bock, *The NIV Application Commentary: Luke* (Grand Rapids, MI: Zondervan, 1996), 576.

2. Donald Guthrie, "John," in *New Bible Commentary: 21st Century Edition*, ed. D. A. Carson et al., 4th ed. (Downers Grove, IL: Intervarsity Press, 1994), 1065.

## 5. 용기 잃은 자와 함께하신 예수님

명구. C. S. Lewis, *The Voyage of the Dawn Treader* (New York: HarperCollins, 1980), 187.
1. Michael J. Wilkins, *The NIV Application Commentary: Matthew* (Grand Rapids, MI: Zondervan, 2004), 516.
2. 위의 책, 517.
3. 위와 동일.

## 6. 실패한 자와 함께하신 예수님

명구. Daniel Emery Price, *Scandalous Stories: A Sort of Commentary on the Parables* (Irvine, CA: 1517 Publishing, 2018), 6.
1. R. C. H. Lenski, *The Interpretation of St. Luke's Gospel* (Minneapolis: Augsburg Publishing House, 1961), 422–23.
2. C. H. Spurgeon, *Spurgeon's Sermons on New Testament Women*, vol.1 (Grand Rapids, MI: Kregel Publications, 1994), 68.
3. Price, *Scandalous Stories*, 6.

## 7. 두려워하는 자와 함께하신 예수님

명구. Frederick Buechner, *Beyond Words: Daily Readings in the ABC's of Faith* (New York: HarperCollins, 2004), 242.
1. Joel B. Green, *The Gospel of Luke*, The New International Commentary on the New Testament (Grand Rapids, MI: Eerdmans, 1997), 482.
2. 위의 책, 482.
3. R. C. H. Lenski, *The Interpretation of St. Luke's Gospel* (Minneapolis: Augsburg Publishing House, 1961), 677.

## 8. 잊힌 자와 함께하신 예수님

명구. Alia Joy, *Glorious Weakness: Discovering God in All We Lack* (Grand Rapids, MI: Baker Books, 2019), 129.
1. C. S. Lewis, *The Weight of Glory* (New York: HarperOne, 2001), 45.
2. John Nolland, *The Gospel of Matthew: A Commentary on the Greek Text*, New International Greek Testament Commentary (Grand Rapids, MI: Eerdmans, 2005), 1029-30.
3. Frederick Dale Bruner, *Matthew: A Commentary: The Churchbook, Matthew 13-28*, vol.2 (Grand Rapids, MI: Eerdmans, 2007), 569.
4. 위의 책, 569-70.
5. 위와 동일.

## 9. 위험에 처한 자와 함께하신 예수님

1. Gary M. Burge, *The NIV Application Commentary: John* (Grand Rapids, MI, Zondervan, 2000), 245.
2. Frederick Dale Bruner, *The Gospel of John: A Commentary* (Grand Rapids, MI: Eerdmans, 2012), 505-506.
3. 위의 책, 506.
4. Colin G. Kruse, *John: An Introduction and Commentary*, vol.4, Tyndale New Testament Commentaries (Downers Grove, IL: InterVarsity Press, 2003), 200.
5. Burge, *John*, 247-48.

## 10. 치료가 필요한 자와 함께하신 예수님

1. St. Augustine, quoted in Andres Nygren, *Agape and Eros* (London: SPCK, 1957), 536.
2. David E. Garland, *The NIV Application Commentary: Mark* (Grand Rapids, MI: Zondervan, 1996), 203.

3. 위와 동일.
4. 위와 동일.
5. R. T. France, *The Gospel of Mark*, New International Greek Testament Commentary (Grand Rapids, MI: Eerdmans, 2002), 117–18.
6. R. Alan Cole, *Mark: An Introduction and Commentary*, vol.2, Tyndale New Testament Commentaries (Downers Grove, IL: InterVarsity Press, 1989), 118–19.
7. Garland, *Mark*, 82.

## 11. 도움이 필요한 자와 함께하신 예수님

1. Gary M. Burge, *The NIV Application Commentary: John* (Grand Rapids, MI; Zondervan, 2000), 91.
2. R. Alan Cole, *Mark: An Introduction and Commentary*, vol.2, Tyndale New Testament Commentaries (Downers Grove, IL: InterVarsity Press, 1989), 196–97.
3. James R. Edwards, *The Gospel According to Mark*, The Pillar New Testament Commentary (Grand Rapids, MI: Eerdmans, 2002), 232.
4. Frederick Dale Bruner, *The Gospel of John: A Commentary* (Grand Rapids, MI: Eerdmans, 2012), 132.

## 12. 죽은 자와 함께하신 예수님

명구. Frederick Buechner, *Beyond Words: Daily Readings in the ABC's of Faith* (New York: HarperCollins, 2004), 122.
1. James R. Edwards, *The Gospel According to Luke*, The Pillar New Testament Commentary (Grand Rapids, MI: Eerdmans, 2015), 213.
2. R. C. H. Lenski, *The Interpretation of St. Luke's Gospel* (Minneapolis: Augsburg Publishing House, 1961), 400.
3. David E. Garland, *The NIV Application Commentary: Mark* (Grand Rapids, MI:

Zondervan, 1996), 225.
4. 위의 책, 222.
5. Gary M. Burge, *The NIV Application Commentary: John* (Grand Rapids, MI: Zondervan, 2000), 318.
6. Garland, *Mark*, 226.

## 13. 버림받은 자와 함께하신 예수님

명구. Brennan Manning, *The Ragamuffin Gospel* (Colorado Springs: Multnomah Books, 2015), 8.

## 14. 율법 고수자와 함께하신 예수님

명구. Michael Horton, *Christless Christianity* (Grand Rapids, MI: Baker Books, 2008), 15-16.
1. David E. Garland, *The NIV Application Commentary: Mark* (Grand Rapids, MI: Zondervan, 1996), 395.
2. R. C. H. Lenski, *The Interpretation of St. Mark's Gospel* (Minneapolis: Augsburg Publishing House, 1961), 436.
3. R. Alan Cole, "Mark" in *New Bible Commentary: 21st Century Edition*, ed. D. A. Carson et al., 4th ed. (Downers Grove, IL: InterVarsity Press, 1994), 962.
4. Gustaf Wingren, *Luther on Vocation* (Eugene, OR: Wipf and Stock, 2004), 10.

## 15. 자신을 미워하는 자와 함께하신 예수님

명구. Martin Luther King, Jr., quoted in Clayborne Carson and Peter Holloran, eds., *A Knok at Midnight: Inspiration from the Great Sermons of Reverend Martin Luther King, Jr.* (New York: Warner Books, 2000), 53-54.
1. Walter A. Elwell and Barry J. Beitzel, "Pharisees," in *Baker Encyclopedia of the Bible* (Grand Rapids, MI: Baker Books, 1988), 1672.

2. 위와 동일.
3. R. C. H. Lenski, *The Interpretation of St. Luke's Gospel* (Minneapolis: Augsburg Publishing House, 1961), 259.
4. 위의 책, 260.

## 16. 자신을 배반한 자와 함께하신 예수님

명구. Agatha Christie, *The Mirror Crack'd from Side to Side* (New York: HarperCollins, 2016), 134.
1. Edward A. Engelbrecht, ed., *The Lutheran Study Bible* (St. Louis, MO: Concordia Publishing House, 2009), 1808.
2. 위의 책, 1809.
3. R. C. H. Lenski, *The Interpretation of St. Luke's Gospel* (Minneapolis: Augsburg Publishing House, 1961), 1079-80.
4. Engelbrecht, ed., *The Lutheran Study Bible*, 1766.

## 17. 당신과 함께하시는 예수님

1. James K. A. Smith, *On the Road with Saint Augustine: A Real-World Spirituality for Restless Hearts* (Grand Rapids, MI: Brazos Press, 2019), 49.
2. Frederick Dale Bruner, *The Gospel of John: A Commentary* (Grand Rapids, MI: Eerdmans, 2012), 888.
3. Colin G. Kruse, *John: An Introduction and Commentary*, vol.4, Tyndale New Testament Commentaries (Downers Grove, IL: Intervarsity Press, 2003), 315.

He Loved Them

## 사명선언문

너희가 흠이 없고 순전하여……세상에서 그들 가운데 빛들로
나타내며 생명의 말씀을 밝혀 _ 빌 2:15-16

### 1. 생명을 담겠습니다
만드는 책에 주님 주신 생명을 담겠습니다.
그 책으로 복음을 선포하겠습니다.

### 2. 말씀을 밝히겠습니다
생명의 근본은 말씀입니다.
말씀을 밝혀 성도와 교회의 성장을 돕겠습니다.

### 3. 빛이 되겠습니다
시대와 영혼의 어두움을 밝혀 주님 앞으로 이끄는
빛이 되는 책을 만들겠습니다.

### 4. 순전히 행하겠습니다
책을 만들고 전하는 일과 경영하는 일에 부끄러움이 없는
정직함으로 행하겠습니다.

### 5. 끝까지 전파하겠습니다
모든 사람에게, 땅 끝까지, 주님 오시는 그날까지
복음을 전하는 사명을 다하겠습니다.

## 서점 안내

| | |
|---|---|
| **광화문점** | 서울시 종로구 새문안로 69 구세군회관 1층<br>02)737-2288 / 02)737-4623(F) |
| **강남점** | 서울시 서초구 신반포로 177 반포쇼핑타운 3동 2층<br>02)595-1211 / 02)595-3549(F) |
| **구로점** | 서울시 동작구 시흥대로 602, 3층 302호<br>02)858-8744 / 02)838-0653(F) |
| **노원점** | 서울시 노원구 동일로 1366 삼봉빌딩 지하 1층<br>02)938-7979 / 02)3391-6169(F) |
| **일산점** | 경기도 고양시 일산서구 중앙로 1391 레이크타운 지하 1층<br>031)916-8787 / 031)916-8788(F) |
| **의정부점** | 경기도 의정부시 청사로47번길 12 성산타워 3층<br>031)845-0600 / 031)852-6930(F) |
| **인터넷서점** | www.lifebook.co.kr |